La Botica

de la

Abuela

Trucos
para el hogar

Realización: RBA Realizaciones Editoriales, S.L.
Redacción: Sílvia Prades, Isidro Sánchez
Edición: Sílvia Prades
Diseño: Agustí Feliu
Maquetación: Maria Torres
Diseño cubierta: Llorenç Martí
Fotografía cubierta: Jordi García/RBA

Fotografías: A.G.E. Fotostock, Alfa Omega, Becky Lawton, Belén M.
Imaz/RBA, Corcheras Catalanas, Corchos de Mérida, Enfoque SCP/RBA,
Enrique Menossi/RBA, Felipe Scheffel/RBA, Ferran Freixa/RBA,
Fototeca Stone, Image Bank, Imanol Sistiaga/RBA, Index, Jordi Garcia/RBA,
Jordi Vidal Sabata, Juan Carlos Martínez/RBA, Lluís Carbonell/RBA,
Lluís Sans/RBA, Lourdes Jansana/RBA, Marc Capilla/RBA, Marco Polo,
Miele, Stock Photos, Tres Unces/RBA, Vision Agency.
Dibujos: Francesc Ràfols, Lola Besses (págs. 19, 21, 62, 85, 114, 115),
Àngels Buxó (págs. 56b, 74, 78)

Ref. GO-30/ ISBN: 84-7901-470-9
Depósito legal: NA-2423-1999

Fotomecánica: Aura Digit
Impreso y encuadernado por Gráficas Estella

Impreso en España – Printed in Spain

TRUCOS
PARA EL HOGAR

integral

Sumario

Los trucos para el hogar de La Botica de la Abuela

Hacía ya algún tiempo que deseábamos ofreceros otro nuevo libro para continuar transmitiendo conocimientos y consejos ancestrales. Hasta ahora, nos hemos dedicado básicamente a vuestra salud y a la atención de vuestro cuerpo, pero siempre habíamos guardado el proyecto de dedicar un libro al hogar, ya que éste constituye, sin lugar a dudas, nuestro entorno más inmediato.

Sabéis muy bien que el mantenimiento y la conservación de la casa proporcionan un bienestar y una comodidad que no tienen precio, como tampoco lo tienen cocinar rápidamente y con seguridad, tener siempre la ropa y el calzado a punto o cuidar de las mascotas y las plantas sin esfuerzo. Si disponéis de un buen equipo para la casa y de unos cuantos productos naturales, tendréis suficiente para solucionar la mayoría de los problemas domésticos sin tener que recurrir a productos químicos caros y poco respetuosos con el medio ambiente.

Con este libro de trucos de *La Botica de la Abuela* pretendemos ayudar a solucionar estos pequeños menesteres domésticos y a afrontar diferentes situaciones que surgen en la vida cotidiana del hogar. Como consecuencia del quehacer diario, en todos los hogares del mundo se producen desperfectos, se ensucian superficies y muebles, surgen incidentes al cocinar, caen manchas o hay que cuidar de las mascotas. Para todos estos pequeños problemas planteamos soluciones sencillas, cómodas y fáciles de llevar a cabo.

Hemos recogido trucos de diversa índole con el ánimo de ofrecer soluciones prácticas para cualquier situación con nuestros dos objetivos de siempre: el amor por las tradiciones y el profundo respeto por la naturaleza. Así, pues, como en nuestros libros anteriores, las recetas proceden del saber popular, del proceder de nuestras abuelas y bisabuelas, y nuestra voluntad es hacer pervivir estos trucos sencillos que las amas de casa transmitían oralmente de madres a hijas y que, por desgracia, se van perdiendo. A menudo, una simple receta con vinagre, limón o sal puede suplir al producto de limpieza sofisticado y abrasivo que nos venderán en la droguería.

Amigo lector, no quiero despedirme sin antes darte las gracias por confiar una vez más en los consejos de *La Botica de la Abuela*, y espero que éste te sea útil y contribuya a hacer de tu hogar un lugar sano y confortable.

GONTZAL MENDIBIL
Creador y director de
La Botica de la Abuela

Productos básicos

A menudo parece que conseguir un hogar limpio y bien conservado requiere grandes remedios o un exceso de productos elaborados químicamente que, además de caros, resultan nocivos para el medio ambiente e incluso para las personas que viven en la casa. Sin embargo, muchas más veces de las que se piensa, se logran los mismos resultados, o quizá mejores, con productos naturales, económicos y muy habituales en cualquier hogar. ¿Quién no tiene en casa sal, limón, vinagre, aceite, bicarbonato, agua oxigenada o jabón neutro? Todos ellos son elementos naturales, fáciles de encontrar y muy asequibles, y todos pueden aplicarse en un sinfín de trucos caseros para disfrutar de una casa limpia y bien conservada.

Agua oxigenada
El agua oxigenada es uno de los mejores blanqueadores del mercado. Es un producto inocuo que, además, es muy eficaz contra las manchas.

Limón
Se puede considerar el limón como uno de los desengrasantes naturales más efectivos.

Vinagre
Al igual que el limón, el vinagre constituye un buen desengrasante, que hace a la vez de desinfectante.

Sal
La sal es uno de los productos más eficaces para la limpieza de muchas superficies. Una de sus virtudes es la capacidad de absorber la humedad.

Cebolla
La cebolla, entera, en cocción o en zumo, se puede utilizar en recetas que requieran conseguir limpieza y brillo de superficies, es muy útil, por ejemplo, para los cristales.

Alcohol de quemar
El alcohol de quemar, además de proporcionar una profunda limpieza, es un gran desinfectante.

Aceite
El aceite es un ingrediente de numerosas recetas para limpiar, encerar algunas superficies o realizar reparaciones sencillas.

Bicarbonato
El bicarbonato es un producto ideal para quitar determinadas manchas, conservar el desagüe o evitar la humedad.

Jabón neutro
Un jabón elaborado sin productos químicos es imprescindible en el hogar si se quiere mantener una buena limpieza sin dañar el medio ambiente.

Vino blanco y vino tinto
El vino, aunque parezca mentira, constituye, en ocasiones, un buen quitamanchas.

Patata
La patata no sólo corrige desaguisados en la cocina, sino que además, puede actuar como abrillantador o como desengrasante.

Huevo
El huevo es un producto que, por sus cualidades es muy útil para elaborar cremas o ceras o productos naturales de limpieza.

Carbón vegetal
El carbón vegetal es ideal para eliminar los malos olores pues los absorbe con facilidad.

Levadura
La levadura es un ingrediente imprescindible para cocinar, pero también resulta muy eficaz para limpiar la cristalería o desatascar el desagüe.

Espinacas
Las espinacas son famosas porque aportan nutrientes para el cuerpo, pero también son muy efectivas para limpiar los cubiertos de plata.

Bórax
El bórax es un producto muy eficaz para quitar manchas muy incrustadas, pero hay que tener mucha precaución a la hora de usarlo, y hacerlo sólo en los casos indicados.

Tiza
La tiza se suele usar como ingrediente para hacer pastas blanqueadoras o para evitar la humedad en los armarios o en la caja de herramientas.

● SENCILLEZ, LIMPIEZA Y ORDEN, LOS MEJORES TRUCOS ●

Disfrutar del hogar no requiere ni grandes inversiones ni tampoco complicarse demasiado. A veces, un poco de limpieza y orden es suficiente para conseguir un alto grado de comodidad, y si además se dispone de una habitación para realizar fácilmente las tareas de la casa y donde guardar los utensilios domésticos, indudablemente la comodidad crece. Aplicando a cada rincón de la casa unos sencillos trucos preparados con productos cotidianos, se logra un gran bienestar. La mayoría de los productos que se utilizan en los trucos recogidos en nuestro libro son absolutamente inocuos, se suelen tener muy a mano o se pueden adquirir muy fácilmente a un precio más que razonable.

Utensilios y mantenimiento

El equipo básico de utensilios para mantener el hogar en óptimas condiciones, cómodo y seguro no necesita de grandes aparatos sofisticados, sino, más bien al contrario, pequeños utensilios y herramientas de uso sencillo son suficientes para llevar a cabo cualquier operación en la casa. La limpieza, el mantenimiento, la seguridad o los cuidados en general se realizan con relativa facilidad con estos utensilios tan habituales y con la ayuda de pocos, pero eficaces, productos naturales.

Plumero
El clásico plumero es el utensilio más útil para quitar el polvo de las zonas más inaccesibles o delicadas, como por ejemplo encima de los libros, las figuras de decoración o las plantas de interior.

Trapos para el polvo
Son cómodos de usar para quitar el polvo de los muebles de cada día. Hoy en día, hay en el mercado un tipo de trapos que, después de usarlos repetidamente, se tiran a la basura.

Trapos de algodón
Imprescindibles para la limpieza de la casa. Generalmente, se usa primero uno para quitar la suciedad y, después, otro limpio para secar y abrillantar las superficies. Los de rejilla son fabulosos para la suciedad más incrustada.

Gamuzas
Sirven tanto para quitar el polvo de los muebles como para aplicar determinados preparados sobre la superficie a limpiar.

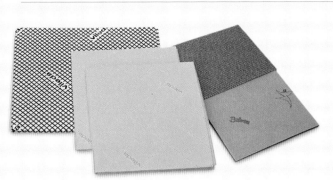

Bayetas

Son muy cómodas si el objetivo es limpiar con agua sin empapar demasiado la superficie, puesto que son muy absorbentes. También son ideales para recoger o secar el agua sobrante después de enjuagar encimeras o zonas previamente lavadas con agua abundante.

Papel absorbente

El papel absorbente es de gran ayuda para secar o recoger algún estropicio, especialmente si hay que actuar con rapidez y limpiar superficies con productos que manchen mucho. También es útil en la cocina, donde se suele usar para dejar reposar en él las frituras, ya que absorbe bien el aceite.

Estropajos

Los estropajos son muy eficaces para eliminar la suciedad más incrustada, pero hay que tener en cuenta que sólo se pueden usar sobre superficies muy resistentes, pues la mayoría suelen rayar con una gran facilidad. En el mercado hay de diversos tipos, con una dureza variable, según el color en que se presentan (negros, verdes, azules...).

Escoba y recogedor

La manera más rápida y tradicional de quitar la suciedad cotidiana del suelo es barrerlo con frecuencia y recoger el polvo con el recogedor para tirarlo a la basura. Los recogedores de hoy en día disponen de un práctico y cómodo mango largo para no tener que agacharse.

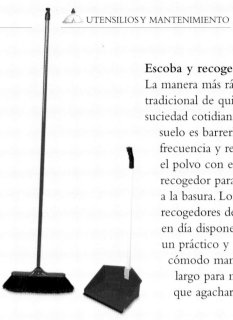

CONSERVACIÓN DE LOS UTENSILIOS MÁS COMUNES

CONSERVACIÓN DE LAS ESCOBAS

Las escobas pueden lavarse en una solución de agua caliente con jabón en escamas, con cuidado de que no se moje el palo. Mover las cerdas y aclarar con agua limpia hasta que el agua no se enturbie. Colgar la escoba del revés para que se seque. Cuando esté seca, peinar las cerdas para que recuperen su forma.

LAVAR LOS TRAPOS SUCIOS

Los trapos del polvo absorben mejor la suciedad si se lavan de vez en cuando en una solución de agua con glicerina.

GAMUZAS DURADERAS

Las gamuzas se conservan durante más tiempo si se lavan en agua caliente ligeramente salada cada vez que se utilicen. Secarlas a la sombra y guardarlas enrolladas cuando aún no estén secas del todo.

Guantes de goma

Aunque en los trucos que nosotros presentamos no hay productos abrasivos que hagan imprescindible la utilización de guantes, no hay que olvidar que uno de los secretos para presumir de manos bonitas y sanas es llevar puestos guantes de goma para hacer los trabajos de la casa.

Esponjas

Hay una gran cantidad de tipos de esponjas, desde las más ásperas y fuertes para limpiar zonas duras con suciedad muy incrustada, hasta las más suaves con las que se puede limpiar la cristalería.

Papel de lija

El papel de lija, como las rasquetas, también suele formar parte de la caja de herramientas. Pero hay numerosos tipos de este papel, desde los más duros hasta los más finos, que sirven para recuperar superficies rayadas o con desperfectos, como una copa desportillada, una encimera de mármol o un suelo de barro.

Fregona y cubo de fregar

Este fabuloso invento español, que ha sido exportado a medio mundo, es uno de los utensilios más comunes en los hogares de este país. Para dejar los suelos limpios de manchas y relucientes, basta con tener la precaución de escurrir bien la fregona, especialmente cuando se trata de pavimentos delicados, como, por ejemplo, el parquet.

Cepillos

Los cepillos de cerdas duras, los de ropa o incluso los pequeños cepillos de dientes pueden ser útiles en determinados casos para limpiar suciedad seca o para aplicar y extender preparados en una superficie en el momento de limpiarla.

● UTENSILIOS LIMPIOS ●

LIMPIEZA DE LAS ESPONJAS

Las esponjas se limpian dejándolas en remojo en una solución de 125 g de sal por litro de agua durante veinticuatro horas. Las esponjas quedan como nuevas.

CEPILLOS LIMPIOS

Lavar las cerdas de los cepillos de la ropa en un baño de agua fría, en la que previamente se habrá disuelto un puñado de sosa. Vigilar que la madera no se moje. Dejar secar el cepillo colgado con las cerdas hacia abajo para que no se deformen.

● ELEMENTOS MÁS COMUNES DE LA CAJA DE HERRAMIENTAS ●

- **Destornilladores:** es preferible tener unos cuantos de medidas diferentes para enroscar y desenroscar todos los tornillos de la casa.

- **Tornillos:** se necesitan pequeños, medianos y grandes para fijar cualquier elemento en todo tipo de superficies.

- **Martillos:** es mejor disponer de al menos uno pequeño para arreglos que requieren poca fuerza, y otro grande para poder picar con más fuerza.

- **Alicates:** los alicates sirven tanto para cortar cables como para torcer alambres o similares o sujetar objetos pequeños.

- **Tenazas:** tienen la misma función que los alicates, pero con ellas se emplea mucha más fuerza.

- **Cinta aislante:** de múltiples usos, es imprescindible para aislar la corriente y no sufrir daños de electrocutamiento cuando se manipula un cable o un enchufe.

- **Cinta métrica o metro:** imprescindible para tomar medidas y no cometer errores en las distancias.

- **Tijeras:** unas tijeras más bien fuertes son necesarias para cortar cualquier elemento en el momento de hacer reparaciones.

- *Cutter:* objeto práctico para cortar cartón, papel o tejidos como una moqueta o una alfombra.

- **Llave inglesa:** herramienta imprescindible para aflojar o apretar tuercas.

Caja de herramientas

Una caja que contenga las herramientas mínimas para el mantenimiento del hogar es absolutamente imprescindible para reparar pequeñas averías o para salir del paso en las averías más graves mientras llega el profesional para arreglarlas. Un grifo que gotea, un cable pelado o una puerta atascada son problemas muy habituales que se solventan con un equipo de herramientas básico.

Bol

Cuando se preparan productos de limpieza o similares, lo mejor es tener siempre a mano un bol en el que echar y mezclar los distintos ingredientes.

Rasqueta

Hay muchos modelos de rasquetas, y habitualmente forman parte de la caja de herramientas. Pero existe un tipo de rasqueta especial para superficies delicadas que es muy útil para rascar la suciedad incrustada en zonas delicadas, como por ejemplo las cocinas vitrocerámicas.

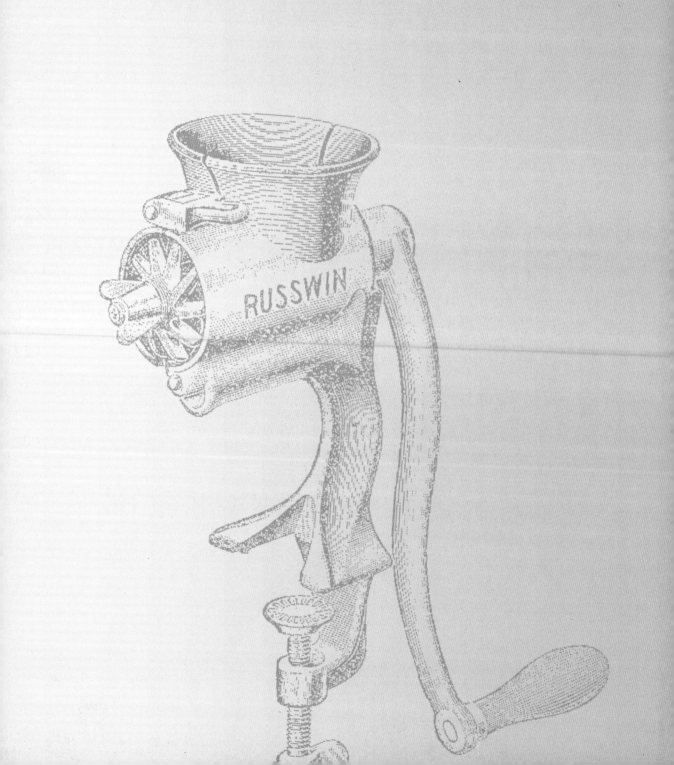

LA COCINA

La cocina es el lugar de la casa en el que
con mayor frecuencia se presentan problemas
relacionados con el mantenimiento y la limpieza:
armarios y encimeras, electrodomésticos, menaje...
hay un sinfín de elementos en continua
utilización y todo requiere cuidado y limpieza.
Es la pieza de la casa donde hay más trajín y
la que más conviene tener ordenada, limpia
y en perfecto funcionamiento porque en ella
se manipula y se conserva la comida.

Los armarios

Los armarios de la cocina son los muebles del hogar más propensos a ensuciarse. La grasa, los humos y las salpicaduras van a parar allí con mucha facilidad. Además constituyen un buen alijo para insectos porque en ellos se guarda un gran número de alimentos. Por eso es tan importante la limpieza a fondo como el mantenimiento correcto de este mobiliario mediante el uso del producto más idóneo en función del material: madera, contrachapado, laminado plástico, etc.

● TRUCO 1 ●

Cera casera para armarios de madera

Los armarios de cocina de madera de roble, haya o nogal precisan que se les saque a menudo el polvo con un paño suave, trabajando siempre en la dirección de la veta. Para conservarlos mejor, también se pueden encerar con cera transparente o del mismo color que la madera.
El mobiliario de roble de la cocina lucirá siempre como nuevo aplicándole esta eficaz cera casera.

◻ INGREDIENTES

- 600 ml de cerveza
- 10 g de azúcar
- una pizca de cera de abeja derretida

◻ PREPARACIÓN

- Verter la cerveza en un tarro.
- Añadir la cera de abeja.
- Espolvorear con el azúcar.
- Remover utilizando un pincel de pelo suave.

◻ APLICACIÓN

1. Mezclar bien la cerveza, el azúcar y la cera derretida en el tarro de vidrio.

2. Aplicar la mezcla en el armario con un pincel siguiendo la dirección de la veta de la madera.

3. Dejar secar la mezcla y, una vez seco, frotar la puerta del armario con una gamuza.

● TRUCO 2 ●

Limpiador y *desinfectante*

Para mantener los armarios de la cocina limpios y desinfectados es aconsejable limpiarlos a fondo de vez en cuando. Para hacerlo, es conveniente seguir un orden para vaciar los armarios. Una vez vacíos, lavar los armarios con el siguiente preparado.

◘ PREPARACIÓN

Mezclar a partes iguales jabón verde diluido en agua (para limpiar) y zumo de limón (para desinfectar).

CONSEJOS DE LA ABUELA...

UN CAJÓN QUE NO CORRE

Para que los cajones se deslicen bien, frotar las guías con la cera de una vela o con jabón. Pasar después un papel de lija fino y aplicar otra ligera capa de cera o jabón.

◘ APLICACIÓN

1. Vaciar el armario a lavar.

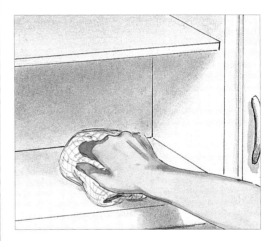

2. Lavar las puertas y el interior del armario con un paño humedecido en el detergente casero. Aclarar y secar con otro paño.

3. Limpiar las bases del menaje y de los tarros antes de volver a colocarlos en el armario.

Las encimeras

Una de las superficies más dañadas de la casa por el uso cotidiano es la encimera de la cocina. Según el material de la encimera (acero, mármol, materiales sintéticos, granito, madera, etc.) se tendrán unos cuidados u otros. Para que en las encimeras no se produzcan rayadas ni pierdan el color, es aconsejable no cortar los productos directamente sobre la encimera ni dejar nunca directamente alimentos ácidos o con vinagre.

● TRUCO 1 ●

Encimeras de granito o materiales sintéticos

Tanto el granito como los materiales sintéticos con que se fabrican las encimeras aceptan cualquier tipo de producto para limpiarlas, bien sean fuertes, como la lejía, o suaves, como el jabón verde. Sólo hay que tener en cuenta que estos productos no ataquen el brillo o el color de la encimera.

● TRUCO 2 ●

Encimera de mármol de color claro

Para mantener los mármoles de color claro siempre impecables es extraordinariamente eficaz este truco tradicional.

CURIOSIDADES DE LA BOTICA

SAL Y LIMÓN

Dos productos tan cotidianos como la sal y el limón son muy útiles para la limpieza de la cocina. Ambos tienen un gran poder desengrasante. La sal, además, blanquea y absorbe malos olores.

▣ PREPARACIÓN

- Echar en un recipiente pequeño la sal necesaria, en función de la superficie que se tenga que limpiar.
- Exprimir un limón sobre la sal hasta humedecerla.

▣ APLICACIÓN

1. Extender la mezcla de sal y limón con la mano sobre el mármol.

2. Fregar suavemente la encimera con la mezcla y un paño y aclarar con mucha agua.

3. Sacar brillo con un paño de lana o franela.

Manchas de grasa

Las manchas rebeldes de grasa en el mármol se pueden quitar con una pasta elaborada con tiza y bórax amasada con agua. Para ello, untar un paño con la pasta resultante y fregar el mármol. Dejar actuar durante un par de días y luego aclarar. Las manchas que no hayan desaparecido, se pueden cubrir con la pasta un poco más espesa, añadiendo más tiza. Al cabo de unas horas, aclarar abundantemente y abrillantar toda la superficie con un paño.

Manchas de vino, té o café

Las manchas de vino, té o café en el mármol de la cocina se eliminan fácilmente preparando una solución de cuatro partes de agua por una parte de agua oxigenada. Frotar la mancha con esta solución y secar enseguida.

Limpieza cotidiana

La limpieza cotidiana de mesas de cocina y encimeras de mármol debe hacerse simplemente con agua y jabón, aunque en este caso hay que aclarar abundantemente. No deben usarse productos en polvo ni estropajos, puesto que rayan las superficies.

▣ APLICACIÓN

1. Limpiar con una bayeta o cepillo de cerdas frotando en pequeños círculos.

2. Para las manchas, echar jabón líquido y frotar con un trapo.

CURIOSIDADES DE LA BOTICA

El bórax es un producto que debe usarse con un poco de cuidado. Sirve solamente para manchas difíciles y sólo se debe utilizar en superficies especiales.
La tiza es un limpiador barato y suave, y también sirve para elaborar polvos, dentífricos y otros productos.

Los fogones y la campana

Tanto los fogones como la campana, al estar expuestos continuamente a recibir salpicaduras, derrames y quemaduras, hay que cuidarlos y limpiarlos muy a menudo. Generalmente, se trata de superficies que se lavan fácilmente pasando un paño húmedo, pero a veces es difícil evitar que las sustancias derramadas se quemen.

● TRUCO 1 ●

Limpieza de los fogones

Cuando se acumula más grasa de lo normal, los fogones se pueden limpiar pasando simplemente un paño humedecido en una solución a partes iguales de alcohol de quemar y agua.

● TRUCO 2 ●

Campana extractora limpia

Antes de limpiar la campana extractora de la forma habitual, es recomendable ablandar la grasa incrustada haciendo hervir una cacerola con agua a la que se habrá añadido el zumo de tres limones. El vapor se convertirá en un potente y efectivo desengrasante y la limpieza posterior será facilísima.

CONSEJOS DE LA ABUELA...

QUEMADORES QUEMADOS

Para evitar que los alimentos derramados se peguen en los quemadores, echar sal encima. Si ya se han quemado, cubrir el quemador durante un par de horas con un trapo humedecido en lavavajillas diluido con agua. A continuación, aclarar con abundante agua.

Placas eléctricas y vitrocerámicas

Las placas eléctricas y vitrocerámicas se limpian muy fácilmente con jabón verde. Fregar con una esponja suave y secar con una gamuza o con un paño de franela.

Hielo para las vitrocerámicas

Las placas vitrocerámicas son más fáciles de limpiar si se les pasa un poco de hielo antes de limpiarlas. Si hay una mancha seca, después de frotarla con el hielo, se aconseja usar la rasqueta, con mucho cuidado, y la bayeta.

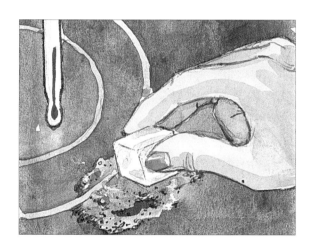

Quitar manchas de las vitrocerámicas

Para evitar manchas de cal, secar bien los recipientes antes de colocarlos encima de las vitrocerámicas. Cuando se derrama un líquido mientras se cocina, hay que limpiarlo enseguida, aún en caliente. Si la mancha la ha producido el azúcar, un plástico o papel de aluminio, además de limpiarlo en caliente, se deberá usar la rasqueta con sumo cuidado.

CONSEJOS DE LA ABUELA...

EVITAR LA CONDENSACIÓN

Para evitar que el vapor se convierta en agua y gotee por las paredes y otras zonas de la cocina, encender el extractor o tener la ventana abierta al cocinar. Otra buena manera de evitarlo es cocer a fuego lento.

¿Qué utensilios usar en las vitrocerámicas?

Para no dañar la placa es mejor utilizar utensilios que tengan las bases lisas, para no rayar la vitrocerámica. Procurar que el diámetro de las ollas o las sartenes sea igual que el de las zonas de cocción. Los utensilios más idóneos para este tipo de cocinas son los modelos de acero fino o esmaltado.

REPARACIONES SENCILLAS

Todo el mundo quiere que su hogar cumpla el dicho «hogar, dulce hogar», y para conseguirlo no sólo hay que mantenerlo limpio o decorarlo con un gusto propio, sino que también hay que saber resolver los problemas que pueden surgir de repente con suministros tan básicos como el agua o la electricidad, y que precisan pequeñas reparaciones. Lógicamente, es mejor recurrir a los profesionales de cada sector, pero, a menudo, esto no es posible, por ello conviene saber actuar con corrección ante estos problemas.

BISAGRAS FLOJAS

Cuando la madera que rodea los tornillos de una bisagra se astilla, la consecuencia más general es que la bisagra se desencaje. Es el momento de sacarla y, después, rellenar los agujeros de los tornillos con masilla para madera. Dejar secar la masilla hasta que quede sólida. Entonces, volver a colocar la bisagra y, de esta manera, los tornillos quedarán fijos.

PUERTAS ATASCADAS

Para saber el punto exacto por donde la puerta se atasca, pintar con tiza el canto de la puerta para que, al cerrarla, el marco quede pintado. A la altura de la marca que ha dejado la tiza en el marco es por donde hay que rebajar la puerta.

GOTEO DE LOS GRIFOS

Cuando un grifo gotea, hay que mirar enseguida de dónde proviene el desperfecto, pues además de que el goteo despilfarra mucha agua y dinero, puede provocar daños peores en las paredes. En general, sólo se trata del cambio de una zapatilla vieja por una nueva, pero también puede estar provocado por una tubería rota. Para cambiar la zapatilla, primero hay que cerrar el paso del agua, y luego desenroscar la parte de arriba del grifo. Una vez abierto, desenroscar la tuerca interior para poder cambiar la zapatilla vieja por la nueva. Después volver a montar el grifo.

TAPAR UN AGUJERO EN LA PARED

Al cambiar la decoración de una estancia, a menudo también se cambian de lugar los cuadros y los estantes que había en la pared. Para volver a tapar los agujeros que han quedado con el cambio de decoración, rascar el agujero y taparlo con la masilla y la espátula. Una vez la masilla esté seca, lijar la zona y pintar la pared.

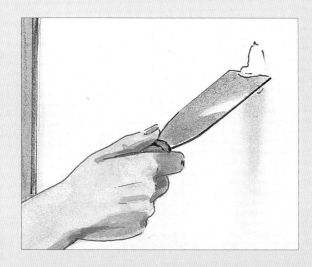

CAMBIAR AZULEJOS

Cuando se hacen obras en la casa y se colocan azulejos nuevos en el cuarto de baño o en la cocina, siempre hay que procurar reservar unos cuantos para posibles accidentes, pues después cuestan mucho de encontrar sueltos. Si algún día se agrieta uno, sólo hay que quitarlo con una escarpa y un martillo y sustituirlo por uno de los de reserva.

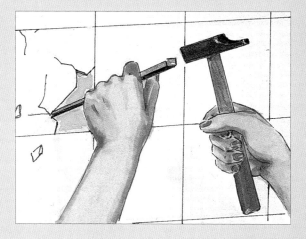

REPARACIÓN DE UN CABLE ELÉCTRICO

Siempre que aparezca en el hogar un cable eléctrico desgastado, hay que cambiarlo enseguida. Si no se puede hacer de inmediato, cubrir la zona desgastada con cinta aislante para salir del paso, pero no olvidar que se tiene que cambiar lo antes posible.

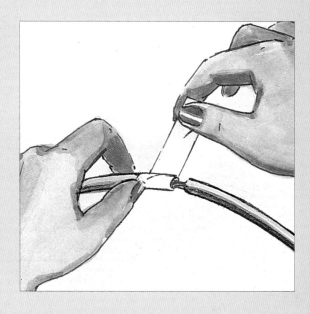

El fregadero

El desagüe atascado, los malos olores o las rayas en el material difíciles de quitar son algunos de los problemas que puede ocasionar un mantenimiento inadecuado del fregadero. Hay fregaderos de diversos materiales: acero inoxidable, porcelana, mármol o sintéticos, y cada uno necesita cuidados distintos.

● TRUCO 1 ●

Fregadero de porcelana

Para mantener en óptimas condiciones el fregadero de porcelana sólo hay que llenarlo de agua caliente y echar unas pocas gotas de lejía. Sacar el tapón y volverlo a introducir boca arriba, para que el agua salga despacio y actúe con más eficacia. Después, aclarar bien.

● TRUCO 2 ●

Fregadero sintético

Gracias a la resistencia que ofrecen los materiales sintéticos, estos fregaderos se pueden limpiar con cualquier tipo de detergente e incluso con estropajos, teniendo en cuenta que no sean productos que les deterioren el color.

CONSEJOS DE LA ABUELA...

FREGADERO DE MÁRMOL

Los fregaderos de mármol tienen el inconveniente que se rayan enseguida, por eso se debe usar una esponja y jabón líquido para limpiarlos. En caso de que sea necesario, utilizar un cepillo de cerdas frotando en círculos suaves, pero nunca estropajos de acero o cepillos de cerdas duras.

FREGADERO LIMPÍSIMO

Para conseguir una profunda limpieza del fregadero de porcelana basta con frotarlo con ½ limón. Después, aclarar con agua fría y secar.

● TRUCO 3 ●

Fregadero de acero inoxidable

Como el acero inoxidable es un material que se raya con mucha facilidad, no se deben usar nunca estropajos ni detergentes en polvo. Para mantenerlo brillante, se puede frotar con un trapo empapado en vinagre.

● TRUCO 4 ●

Manchas de agua

Solamente con un poco de alcohol o vinagre de vino blanco se eliminan con facilidad las manchas que produce el agua en los fregaderos de acero inoxidable.

CURIOSIDADES DE LA BOTICA

Hoy en día, las antiguas botellas de sifón cuestan un poco de encontrar, pero en algunas bodegas o tiendas de comestibles todavía se pueden comprar. Un buen chorro de esta tradicional bebida carbónica es ideal para dar o devolver el brillo a los fregaderos de acero inoxidable cuyo material se ha apagado por el uso.

CONSEJOS DE LA ABUELA...

FREGADEROS ADECUADOS

Para proteger las encimeras de la humedad, lo mejor es escoger los fregaderos con bordes amplios y buscar una zona de escurreplatos grande.

EL CUIDADO DE LOS BORDES

El agua se acumula en las juntas y el borde de la pared y esto puede producir que el fregadero se desencaje. Para evitarlo, secar cada vez que haya agua. Si se ha unido con silicona y ésta está ennegrecida, retirarla y aplicar nuevamente silicona con una pistola especial.

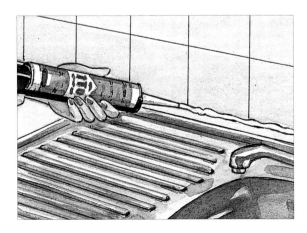

Conservación del desagüe

Como mantenimiento periódico del desagüe del fregadero, taponar el orificio con un trapo húmedo una vez a la semana. Verter $1/2$ de taza de bicarbonato, seguido de $1/2$ taza de vinagre. Entonces verter cinco litros de agua hirviendo.

● TRUCO 7 ●

Limpieza del desagüe

Para prevenir que el fregadero se atasque, echar de vez en cuando en el desagüe una cucharada de sal fina ligeramente humedecida. Dejar actuar durante toda la noche y por la mañana abrir el grifo del agua caliente y dejar que el agua corra.

● TRUCO 5 ●

Sin malos olores del desagüe

La levadura de pan es ideal para eliminar los malos olores que desprende el desagüe. Una vez a la semana, deshacer 0,50 gramos de levadura de pan en dos cucharadas soperas de agua. Echarlo por el desagüe dejando que el preparado lo impregne durante toda la noche y aclarar a la mañana siguiente.

CONSEJOS DE LA ABUELA...

PROTEGER EL FREGADERO

Utilizar rejillas para el fondo del fregadero es una buena costumbre para que el desagüe funcione correctamente: evita los atascos y ahorra rayadas y desperfectos. Para fregar piezas muy delicadas, incluso se aconseja colocar una toalla doblada como protector.

CURIOSIDADES DE LA BOTICA

EL POSO DEL CAFÉ

El poso del café es un buen remedio para desatascar los desagües. Se humedece ligeramente con agua y se introduce en el agujero del desagüe por la noche. Al día siguiente, se deja correr el agua.

El horno

El horno es un electrodoméstico que desprende mucho calor; por eso es aconsejable colocarlo lejos de los otros electrodomésticos, y para evitar accidentes, lo mejor es situarlo en un mueble columna, además de procurar que los niños no se acerquen cuando esté encendido. El horno es uno de los electrodomésticos que más se ensucia de grasa y de restos de comida. Por ello, se presentan a continuación algunos trucos y consejos que ayudarán a mantenerlo en las mejores condiciones.

● TRUCO 1 ●

Rejillas y bandejas en remojo

Cuando las rejillas y las bandejas del horno están especialmente sucias, se pueden poner en remojo en el fregadero de la cocina. Al hacerlo, conviene protegerlo de las posibles rayadas colocando toallas viejas en el fondo y las paredes del mismo. Llenar el fregadero con agua caliente y añadir detergente biológico.

● TRUCO 2 ●

Leche agria para las manchas

Las manchas muy incrustadas en las rejillas o las bandejas del horno se eliminan cubriéndolas con un trapo humedecido en leche agria. Dejar actuar durante un par de días y, después, aclarar con un trapo húmedo y secar.

CONSEJOS DE LA ABUELA...

LIMPIEZA A FONDO DEL HORNO

El horno se puede limpiar con facilidad con una solución de jabón verde. Aclarar enseguida y secar con un paño. Cuando está muy engrasado se puede aplicar bicarbonato sódico en el horno caliente y dejar actuar durante una hora. Lo que no debe hacerse nunca es rascar la grasa con un cuchillo.

El frigorífico

Lograr un mayor rendimiento del frigorífico con menos consumo depende, muchas veces, de cuestiones sencillas, como no abrirlo en exceso, no bajar innecesariamente la temperatura y descongelarlo periódicamente. Asimismo, hay que comprobar que no esté demasiado arrimado a la pared, pues el motor necesita espacio para refrigerarse, y asegurarse de que esté bien nivelado.

● TRUCO 1 ●

Contra la humedad excesiva

Un remedio muy sencillo pero eficaz para evitar que se acumule humedad en el interior del frigorífico es tener siempre un plato con un puñado de bicarbonato dentro de la nevera.

● TRUCO 2 ●

Agua con jabón

La zona exterior del frigorífico se puede limpiar sencillamente con agua un poco jabonosa, no hace falta echar demasiado detergente en el agua. Después, aclarar con agua limpia y fregar seguidamente con un paño húmedo. Siempre quedará mejor si finalmente se seca con un trapo.

REFRANES Y CITAS

«Olla grande, testamento chico.»

● TRUCO 3 ●

Limpieza interior cuidadosa

Para limpiar el interior del frigorífico es recomendable no usar detergentes, pues dejan un olor muy fuerte que se puede mezclar con los de los alimentos e incluso éstos se pueden estropear. Con sólo un puñado de bicarbonato diluido en agua caliente se elabora una preparación absolutamente inocua que permite llevar a cabo una buena limpieza del interior del frigorífico sin dejar olores.

● TRUCO 4 ●

Descongelar rápidamente

Es recomendable descongelar el frigorífico un par de veces al año y cada vez que se acumule hielo en el interior. No es muy aconsejable acelerar el proceso de descongelación, pero si se desea descongelarlo con mayor rapidez, usar un secador de mano enfocado hacia el hielo.

CURIOSIDADES DE LA BOTICA

En tiempos antiguos, cuando todavía no existía ningún aparato como el frigorífico que conservara los alimentos, especialmente las carnes y los pescados, se conservaban curándolos con sal. De ahí procede la tradición de salazones y conservas con sal y la de echar sal a las comidas.

● TRUCO 5 ●

Contra los malos olores

Al descongelar el frigorífico, se puede aprovechar para aplicar algún remedio casero con el fin de eliminar los malos olores que se hayan podido producir. Por ejemplo, una vez descongelado, con el frigorífico en marcha, dejar en el interior un recipiente con leche hirviendo.

Otro remedio para eliminar el mal olor es introducir un vaso con vinagre caliente en el frigorífico una vez descongelado y después de haber hecho una limpieza a fondo. Si se va a tener el frigorífico desconectado durante un cierto tiempo, por ejemplo en vacaciones, dejar dentro un cuenco con varios trozos de carbón vegetal.

CONSEJOS DE LA ABUELA...

Para asegurar una buena limpieza del frigorífico no hace falta utilizar ningún producto abrasivo, como por ejemplo lejía, amoníaco o cualquier tipo de disolvente, ni tampoco estropajos.

Para lograr un buen funcionamiento del frigorífico y un ahorro de energía, es conveniente instalar el aparato correctamente, es decir, lejos de fuentes de calor, de la luz directa del sol y en un lugar bien aireado.

AHORRO
EN EL HOGAR

En los tiempos que corren, no está de más cualquier tipo de ahorro, tanto si es económico como ecológico o ambos a la vez. A menudo, sólo con pequeñas acciones cotidianas que no comportan ningún esfuerzo o retenerse un poco a la hora de gastar según qué productos, se puede conseguir un buen ahorro. Muchas más veces de las que se piensa, lo que no sirve hoy se puede aprovechar mañana, y lo que no se gasta hoy, se encuentra al día siguiente.

ELABORAR PATÉ
Si han quedado restos de hígado, pasarlos por la picadora de carne o la batidora, mezclarlos con un poco de mantequilla y sazonarlos con pimienta verde y un chorro de coñac. Gracias a esta receta elaborada con los restos se consigue saborear un paté delicioso.

MOSTAZA SECA
La mostaza que se ha secado dentro del tarro, puede volver a aprovecharse si se le añade un poco de aceite, vinagre y un pellizco de sal.

RECUPERAR EL PAN DE AYER
Tanto el pan de barra como los redondos o los panecillos del día anterior se vuelven frescos y crujientes si se salpican o se untan con agua y, a continuación, se meten en el horno de 8 a 10 minutos a una temperatura de 180 grados.

APROVECHAR EL VINO SOBRANTE
El vino tinto de buena calidad que sobra de una comida o una cena se puede guardar en la cubitera del congelador y aprovecharlo en otra ocasión para refrescar una buena sangría.

PLÁTANOS MUY MADUROS
Los plátanos que han madurado demasiado, aunque presentan un aspecto un tanto desagradable, no están estropeados. Si han quedado muy blandos para comer, siempre se pueden aprovechar para hacer batidos de plátano y leche.

YEMAS SOBRANTES

Las yemas que sobran después de haber roto los huevos por un despiste o por no haberlos utilizado, se pueden guardar en el congelador dentro de la cubitera. Siempre estarán a punto para ser usados en un rebozado.

RALLAR LAS PIELES DE LOS LIMONES Y LAS NARANJAS

Las pieles de los limones y las naranjas se pueden utilizar para hacer galletas y pasteles caseros. Sólo hay que rallarlas, añadirles un poco de azúcar y guardarlas en el refrigerador dentro de un tarro hasta que se necesiten.

COSER A TIEMPO

Al más mínimo agujero en una prenda de ropa o un botón un poco flojo, mejor coserlo cuanto antes, porque el uso y la lavadora pueden hacer más grande el agujero o que se pierda el botón, con lo que la pieza quedará inservible.

GEL CON AGUA

Para acabar de aprovechar el poco gel que queda dentro de un frasco, se le puede añadir un poco de agua y agitar enérgicamente. También se puede añadir un poco de agua en los frascos de los jabones en gel para las manos.

NO SOBRA NI UNA GOTA

Para no tener que tirar el agua o la leche sobrante una vez se ha calentado para tomar, primero medir la cantidad llenando el vaso o la taza que se va a usar y luego echar en el cazo sólo esa cantidad.

MENOS DETERGENTE

Una manera muy fácil de ahorrar dinero y, además, contribuir a no contaminar las aguas, es poner menor cantidad de detergente en el lavavajillas y sustituirlo por un chorro de esencia de vinagre. Para que la vajilla y los cubiertos no necesiten tanto detergente, se pueden enjuagar simplemente con agua antes de ponerlos dentro del lavaplatos.

Ahorrar el detergente en la lavadora tampoco no es mala idea, porque las cantidades que se recomiendan en los productos suelen ser algo excesivas.

Utensilios de cocina

Los días de mucho trajín en la cocina, no se da abasto para manejar y limpiar tantas ollas, cazos, cazuelas, sartenes, cuchillos... Una forma de facilitar la limpieza posterior es poner cada utensilio en remojo inmediatamente después de su uso, mientras se cocina. A continuación algunas superficies antiadherentes sólo necesitarán limpiarse con papel de cocina.

Apertura fácil de la olla a presión

Cuando el tiempo apremia, se puede reducir la presión de forma rápida sacando la olla del fuego y poniéndola bajo el grifo de agua fría. Este mismo truco sirve para evitar que la cocina se llene de vapor, aunque, en este caso, es aconsejable esperar unos minutos antes de destapar la olla a presión.

Para ollas mates

Con el uso y el paso del tiempo, las ollas y los cazos de aluminio se decoloran. Para evitarlo, una buena solución es hervir en ellos pieles de manzana y cebolla en zumo de limón diluido en agua.

Cuchillos que no cortan

Un remedio para afilar los cuchillos y las tijeras en un instante es pasar, suavemente pero durante un buen rato, un papel de lija por su filo, por las dos caras, colocando la hoja encima de la mesa.

CURIOSIDADES DE LA BOTICA

Frotar enérgicamente con un trozo de cebolla recubierto de sal los utensilios metálicos de la cocina es una fórmula ideal para quitar el óxido que se haya podido formar en ellos.

● TRUCO 4 ●

Cazuelas de barro más duraderas

Antes de usar una cazuela de barro recién comprada es preferible dejarla en remojo durante un día, después dejarla secar y, una vez seca, untarla con ajo. Para que dure más, cada vez que se ponga al fuego, es aconsejable mojar ligeramente la parte que está en contacto con el fuego.

● TRUCO 5 ●

Grasa resistente en las sartenes

Las sartenes muy grasientas se pueden fregar con vinagre caliente y sal. Si la grasa no marcha, echar en la sartén un vaso de agua con vinagre y añadir un puñado de sal. A continuación, poner de nuevo la sartén al fuego. Retirarla al poco rato, dejarla enfriar y luego frotar y secar la sartén con papel absorbente.

● TRUCO 6 ●

Sartenes siempre nuevas

Con tal de evitar que las sartenes se rayen y con ello que se peguen los alimentos en su superficie, nada mejor que utilizar menaje de madera. Los tenedores y las cucharas de madera no rayan el fondo y así las sartenes siempre se conservan como nuevas.

CONSEJOS DE LA ABUELA...

Los alimentos no se pegarán en las ollas y las cazuelas si se impregnan éstas con un poco de aceite de oliva y se secan luego con papel absorbente.

Si el menaje de la cocina es de cobre, las manchas que se produzcan se pueden eliminar frotándolo con $\frac{1}{2}$ limón espolvoreado con sal.

● TRUCO 7 ●

Si la sartén se enciende

Si a causa de un accidente o un despiste se pega fuego en la sartén, antes que nada no hay que perder los nervios. Nunca debe tirarse agua directamente sobre ella, sino intentar ahogar el fuego con la ayuda de cualquier tapadera de la cocina que tenga la misma medida, como mínimo, que la sartén que se quema. Si las llamas son altas, hay que tomar la precaución de cubrirse la mano y el brazo con un trapo mojado.

● TRUCO 8 ●

Utensilios de acero inoxidable

Los cacharros de acero inoxidable se limpian fácilmente con agua y jabón. Pero si después de estar guardados durante mucho tiempo han aparecido en ellos manchas amarillas, éstas se pueden eliminar poniendo el utensilio sumergido en leche fría o yogur diluido en agua durante treinta minutos.

● TRUCO 9 ●

Sacar brillo

Para conservar el brillo de los utensilios de acero inoxidable, se pueden fregar perfectamente con el agua de la cocción de las patatas con piel.

● TRUCO 10 ●

Eliminar los olores de las frituras

El olor que queda en la sartén después de haber freído en ella cebollas, sardinas u otros alimentos de fuerte aroma se elimina poniendo la sartén al fuego con agua o echando un chorro de vino blanco.

REFRANES Y CITAS

«La patata, comida que no mata.»

CURIOSIDADES DE LA BOTICA

SARTENES PARA DIETAS

Las sartenes con fondo de acero inoxidable e interior de aluminio con revestimiento antiadherente permiten cocinar con muy poca grasa, por lo que son apropiadas para dietas y beneficiosas para la salud.

CONSEJOS DE LA ABUELA...

¿QUÉ SARTENES COMPRAR?

A la hora de comprar una sartén hay que tener en cuenta las características siguientes: que ésta distribuya el calor uniformemente y que los alimentos no se peguen, condiciones que cumplen sobradamente las sartenes con fondos termodifusores y revestimiento antiadherente.

El lavavajillas

El lavavajillas es un electrodoméstico muy útil, pero que consume una gran cantidad de agua. Para lograr un aprovechamiento óptimo, sólo debería usarse cuando esté completamente lleno. También es aconsejable elegir modelos que incluyan programas económicos que eviten el prelavado y empleen temperaturas bajas durante el mismo. De igual modo, debe tenerse en cuenta que los lavavajillas pequeños consumen comparativamente más agua y electricidad que los grandes.

● TRUCO 1 ●

Limpieza del lavavajillas

Cada vez son más los hogares que disponen de lavavajillas en la cocina, y es que se trata de un electrodoméstico muy práctico cuando hay una gran cantidad de platos, vasos, cubiertos y utensilios para lavar. El lavavajillas no necesita de grandes cuidados para mantenerlo limpio. Es suficiente con sólo limpiar regularmente el exterior y lavar el interior con agua caliente y bicarbonato.

● TRUCO 2 ●

Vasos empañados

Cuando los vasos se empañan en el lavavajillas es a consecuencia de la formación de depósitos de cal. Para eliminarlo, añadir en el lavado una tacita de agua hirviendo con un chorro de vinagre y espolvoreada con sal.

● TRUCO 3 ●

Lavar sin vajilla

No hay nada más fácil que limpiar el interior del lavavajillas: sólo hay que hacerlo funcionar ocasionalmente totalmente vacío.

● TRUCO 4 ●

Vajilla muy sucia

El vinagre es un excelente producto antigrasa para aquellos días en que la vajilla está especialmente sucia debido a un guiso graso. Basta con añadir dos o tres cucharadas de vinagre al lavavajillas.

Pequeños electrodomésticos

En la cocina hay un buen número de pequeños electrodomésticos, que facilitan extraordinariamente la tarea diaria. Pero si su mantenimiento no es el adecuado, cuando se recurra a ellos no prestarán el servicio deseado. Veamos, pues, algunos trucos para mantenerlos limpios y en buenas condiciones.

● TRUCO 1 ●

Limpieza del microondas

Es recomendable limpiar el microondas después de cada uso. Basta con pasar un trapo humedecido y secarlo después bien con otro trapo. Si se ha incrustado grasa en las paredes, se puede aplicar esta sencilla receta.

◻ INGREDIENTES

- 1 vaso de agua
- 2 cucharadas de vinagre
- sal

CONSEJOS DE LA ABUELA...

--◈--

MALOS OLORES EN EL MICROONDAS

--◈--

La variedad de alimentos que se introducen en el microondas puede ocasionar malos olores. En tal caso, basta con introducir en este electrodoméstico un vaso con agua más el zumo de 1 limón. Poner después en marcha el microondas durante 1 minuto: ¡el olor habrá desaparecido!

◻ APLICACIÓN

1. Echar el vinagre en el vaso de agua y mezclar bien.

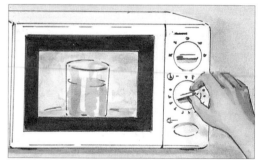

2. Introducir el vaso en el microondas. Hacer funcionar el microondas durante 3 minutos.

3. Limpiar el interior del microondas con un simple trapo humedecido. La grasa saldrá con facilidad.

● TRUCO 2 ●

Limpieza del robot de cocina

Las piezas y los accesorios pequeños del robot de cocina se pueden lavar introduciéndolas en el lavavajillas, pero hay que asegurarse de que quedan bien aclaradas y completamente secas para que no se oxiden. La limpieza interior se hace poniendo el robot en marcha con zumo de limón diluido en agua.

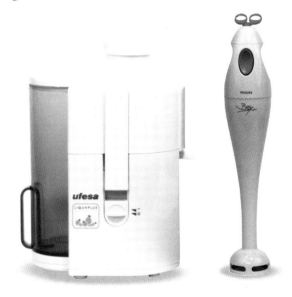

● TRUCO 3 ●

Batidoras y licuadoras

Batidoras y licuadoras, por sus características, son electrodomésticos que se ensucian mucho y no son fáciles de limpiar. Un buen truco es llenar el vaso con agua caliente y echar en él un chorro de lavavajillas. A continuación, batir el agua con el jabón con el propio aparato. Tirar esta agua del primer lavado. Llenar de nuevo con agua limpia para aclarar. Volver a ponerla en marcha. Hacer el último aclarado y secar con esmero las distintas piezas.

CURIOSIDADES DE LA BOTICA

MANCHAS EN LA CAFETERA

Las manchas oscuras de la cafetera pueden eliminarse frotándolas con un estropajo empapado en vinagre y sal. Para que desaparezca el sabor a vinagre se puede utilizar el mismo método descrito en el truco 4.

● TRUCO 4 ●

Hacer café... sin café

Periódicamente conviene limpiar el interior de la cafetera. Llenar con vinagre y poner la cafetera al fuego, como para hacer café. Cuando el vinagre haya hervido, vaciar la cafetera. Hacer después como mínimo otras dos cafeteras con agua, para eliminar cualquier resto de olor o sabor a vinagre.

REFRANES Y CITAS

«Más vale maña que fuerza.»

● TRUCO 5 ●

Agua de patata

El agua de cocer las patatas es muy buena para desengrasar. En aparatos muy sucios se puede utilizar como eficaz limpiador.

La cristalería y la vajilla

La cristalería y la vajilla son, quizá, las piezas más bonitas del ajuar, pero tienen el inconveniente de que cuando se rompe una pieza, el conjunto pierde, porque es muy difícil encontrar recambios sueltos. Para la correcta conservación de la vajilla y la cristalería es esencial tener cuidado con la forma de fregar las piezas delicadas. Tanto si se friegan a mano como si se lavan en el lavavajillas, conviene fregar primero la cristalería y después la loza, poniendo especial cuidado en no provocar desportilladuras en algunas piezas, como las copas o las tazas de café.

● TRUCO 1 ●

Pulimento con levadura y agua

Las copas y otras piezas delicadas de la cristalería lucen siempre como nuevas si se pulen periódicamente con el preparado que se presenta a continuación.

◨ INGREDIENTES

- un puñado de levadura
- un vaso de agua

◨ PREPARACIÓN

Amasar la levadura con el agua en un bol hasta formar una pasta fina.

● TRUCO 2 ●

Los cuidados de la cristalería

Las piezas de una cristalería delicada pueden sufrir una esquirla si se introducen en agua muy caliente. Una manera muy fácil de evitarlo, es tener la precaución de introducir las piezas en el fregadero no en posición vertical sino de lado, muy suavemente.

◨ APLICACIÓN

1. Untar un paño suave en la pasta resultante. Frotar suavemente la cristalería con el paño untado.

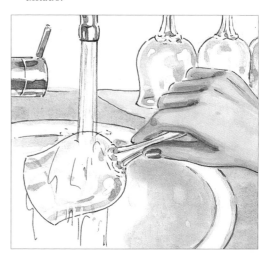

2. Aclarar abundantemente. Secar y abrillantar con otro paño suave.

● TRUCO 3 ●

Cómo recuperar una copa desportillada

Las pequeñas desportilladuras que sufren a veces los bordes de las copas se pueden disimular frotándolas con papel de lija extrafino con sumo cuidado. Frotar hasta alisar la desportilladura y luego lijar todo el borde de la copa para igualarlo.

CONSEJOS DE LA ABUELA...

SOLUCIÓN DE EMERGENCIA

Para desencajar dos vasos de una manera rápida, se puede llenar el vaso interior con agua fría y dar unos pequeños golpecitos al de abajo.

● TRUCO 5 ●

Cómo guardar los platos delicados

Una precaución para evitar que los platos de porcelana se rayen si se guardan apilados es intercalar entre ellos trozos de cartón o platos de los que se utilizan en las fiestas.

● TRUCO 4 ●

Desencajar dos vasos

A veces, desencajar dos vasos no es una tarea fácil y hasta puede resultar peligrosa si se rompen. Una buena solución es meterlos en un bol, poner cubitos de hielo en el vaso superior y verter después agua caliente en el bol. El frío provoca que el vaso interior se contraiga, y el agua caliente dilata el vaso exterior, con lo que es muy fácil desencajarlos.

CURIOSIDADES DE LA BOTICA

CÓMO SERVIR EL CAVA
Según los expertos, la copa ideal para cava o champán es la estrecha y alta, pues es la que mantiene mejor las burbujas y el aroma. Se sirve la copa hasta la mitad, para evitar que se caliente.

● TRUCO 6 ●

Cómo resaltar el brillo de las copas

Las copas de cristal adquieren un brillo especial si se lavan en agua caliente a la que se ha añadido un chorro de vinagre. Aclarar y secar bien, siempre con trapos de hilo o algodón.

La cubertería

Los cubiertos de uso diario y el menaje de acero inoxidable utilizado para cocinar conviene dejarlo en remojo antes de limpiarlo; sin embargo, el menaje de madera o las cuberterías con mangos de materiales delicados nunca deben dejarse demasiado rato en agua. Asimismo, los cubiertos de plata requieren unos cuidados especiales.

● TRUCO 1 ●

Limpieza de los cubiertos de plata

El agua de la cocción de las espinacas es un limpiador natural y asequible con el que los cubiertos de plata, además de quedar totalmente limpios, recuperan todo su brillo.

◻ PREPARACIÓN

1. Llevar a ebullición unas cuantas espinacas en un cazo lleno de agua.

2. Echar el agua de la cocción en un barreño y mantener los cubiertos en remojo 3 horas.

3. Para que no queden manchas de gotas, después secar con un paño suave.

● TRUCO 2 ●

El vino, el mejor quitamanchas

Las manchas que aparecen en los cubiertos se pueden eliminar con un remedio muy fácil de preparar y aplicar y extraordinariamente económico: sólo hay que frotarlos con un paño humedecido en vino tinto caliente.

> ### CONSEJOS DE LA ABUELA...
>
> El agua caliente jabonosa es la mejor fórmula para fregar los cubiertos de uso diario. Es importante secarlos nada más aclarar para que no queden manchas en las piezas.

Menaje de madera

En todas las cocinas hay utensilios de madera: cubiertos, cucharones, tablas o similares. Son utensilios muy útiles porque no rayan los fondos y porque son los mejores aliados a la hora de cocinar, pues no alteran el gusto de los alimentos. Asimismo, en ninguna cocina que se precie debe faltar alguna tabla de madera para cortar los alimentos en ella. Sin embargo, el menaje de madera requiere cuidados especiales.

● TRUCO 1 ●

Tablas y cubiertos sin olores

Para evitar que las tablas de cortar los alimentos cojan olores, fregarlas nada más usarlas con agua fría y, a continuación, frotarlas con 1/2 limón.

Dejando los cubiertos de madera, antes de estrenarlos, una noche en vinagre de sidra, se consigue que tarden más en coger el olor de la comida.

● TRUCO 2 ●

Madera como nueva

Una tabla de cortar que se ha rajado por el uso se puede recuperar. Sólo basta con envolverla en un paño húmedo durante varias horas. La humedad provocará que la madera se hinche, y con esto se conseguirá disimular el desperfecto.

CURIOSIDADES DE LA BOTICA

BANDEJAS LACADAS COMO NUEVAS
Para mantener las bandejas lacadas, mezclar a partes iguales harina, aceite de linaza y esencia de trementina. Batir todos estos ingredientes hasta obtener una pasta homogénea, ligeramente líquida. Untar un paño con la pasta y extenderla por la bandeja. Dejar actuar durante 1/2 hora y seguidamente limpiar toda la bandeja con un paño húmedo. Finalmente, lustrar con un paño seco.

PARA COCINAR

Al margen de elaborar buenos menús y dar un toque personal a las recetas, existen simples trucos para mejorar el sabor de los platos o ganar tiempo a la hora de cocinar que ayudan a mejorar el resultado final de nuestra cocina. Preparar eficazmente los alimentos, corregir errores en la cocción o solucionar pequeños problemas que aparecen mientras se cocina puede ser muy fácil si se tienen en cuenta los trucos siguientes.

La preparación de los platos

Tan importante es mejorar el sabor de los platos como preparar los alimentos antes de empezar a elaborar la receta para conseguir unos excelentes resultados de cocción y presentación. Con unos pequeños y sencillos trucos, se puede mejorar el sistema de trabajo, ahorrar tiempo y dinero, o enriquecer el resultado y la presentación de los menús.

● TRUCO 1 ●

Biscotes enteros

Para evitar que los biscotes se rompan al untarlos con mantequilla, paté o cualquier otro producto similar, hacer una pila de tres o cuatro biscotes y untar el de arriba, que ha de estar bien apoyado sobre los otros. Los biscotes no se romperán y la presentación será inmejorable.

● TRUCO 3 ●

Ajos tiernos y rico aceite

Con este truco se consiguen dos objetivos a la vez: conservar los ajos y obtener un gustoso aceite de ajo. Para conservar los ajos, pelarlos y guardarlos en un tarro lleno de aceite de oliva o vegetal. Después, el aceite del tarro se puede aprovechar para aliñar las ensaladas, a las que dará un cierto sabor a ajo.

CURIOSIDADES DE LA BOTICA

Las abuelas colgaban ristras de ajos porque decían que daba buena suerte y que tenía poderes contra los vampiros. En las antiguas civilizaciones, como la egipcia, la babilónica, la griega o la romana, el ajo tenía un carácter mágico; se utilizaba para no envejecer y los atletas lo usaban para estar en forma.

● TRUCO 2 ●

Pelar cebollas sin llorar

El truco más clásico y tradicional para no llorar en el momento de quitar la piel de las cebollas es pelarlas bajo el chorro de agua fría y respirar por la boca, no por la nariz.

● TRUCO 4 ●

Aprovechar el limón al máximo

Para sacar todo el zumo posible de un limón, basta con calentarlo un poco en el microondas o hacerlo rodar por la encimera presionándolo con la mano.

Si sólo se necesita un poco de zumo de limón, no partirlo: hacer un pequeño agujero y extraer la cantidad de zumo suficiente, así no se estropeará el limón entero.

● TRUCO 7 ●

Conservar el queso

El queso no pierde el aroma ni el sabor y se conserva más tiempo si se colocan dos terrones de azúcar dentro del recipiente donde se guarda. Una vez llevado a cabo esto, se puede introducir en el frigorífico.

CURIOSIDADES DE LA BOTICA

El problema que plantean las salchichas al hacerlas a la brasa es que se abren y pierden su jugo, aparte de que su presentación se deteriora mucho. Para evitarlo, sólo hay que mojarlas ligeramente antes de ponerlas en la barbacoa.

● TRUCO 5 ●

Yemas centradas

Si no se hace nada para evitarlo, la yema de los huevos duros queda descentrada. Existe un sencillo truco para evitarlo. Basta con remover suavemente con una espátula de madera los huevos cuando el agua empieza a hervir para que las yemas queden perfectamente centradas.

● TRUCO 6 ●

Pelar tomates y zanahorias

Escaldar ligeramente los tomates y las zanahorias ayuda a pelarlos sin esfuerzo. Una vez escaldados, la piel de los tomates salta sin ningún tipo de dificultad, y sólo hay que pasar suavemente un trapo bien limpio por las zanahorias para quitarles la piel.

REFRANES Y CITAS

«El aceite es armero, relojero y curandero.»

ACONTECIMIENTOS ESPECIALES

Cumpleaños, aniversarios, santos, verbenas, Navidad o Fin de Año son fechas muy señaladas que, poco o mucho, traen consigo fiestas y celebraciones en todas las casas. Sin embargo, el anfitrión siempre tiene el temor de que falle algo; para que esto no ocurra, nada mejor que unos cuantos trucos para disfrutar de la fiesta y de los invitados sin preocupación alguna. Seguro que con los siguientes consejos la fiesta será todo un éxito y, además, tomará un cariz muy personal.

FIESTAS INFANTILES

Las fiestas infantiles tienen que estar pensadas únicamente para los niños, ofrecerles las comidas y las bebidas que más les agraden, sin abusar de dulces, grasas o chocolates y prepararles las actividades con las que se sabe que van a disfrutar más. En esta clase de fiestas no se debe pensar en el alboroto que se va a causar ni sufrir por si algo se va a ensuciar o romper. Hay que pensar en los posibles accidentes que se puedan ocasionar y preparar la casa para evitarlos.

Forrar las mesas

Con toda seguridad, en una fiesta infantil se va a derramar un vaso o una botella de refresco. Para evitar que la mesa se estropee, forrarla con un plástico antes de colocar el mantel.

Inflar globos

Una tarea que se puede compartir con los niños a la hora de preparar la fiesta es inflar globos. Les facilitará mucho el trabajo si primero se remojan los globos en agua caliente.

Comida

Sabiendo que los comensales van a ser niños, es mejor olvidarse de preparar bocadillos muy untados de aceite o de muchos pisos, ya que éstos son muy difíciles de comer. Lo más práctico es hacer bocadillos pequeños y de productos que no manchen las manos ni goteen.

Caramelos

Es preferible que los caramelos de las fiestas infantiles no aparezcan hasta que se hayan comido lo que se había preparado para merendar. De esta forma, se consigue que merienden y que, al estar llenos, no coman tantas chucherías. Una buena idea es preparar juegos que tengan como premio algún caramelo, pero siempre hay que procurar que cada niño reciba un solo premio y ajustar una actividad a cada niño para que ninguno se quede sin premio.

CELEBRACIONES
Y CENAS ESPECIALES

En el momento de preparar una comida o una cena con invitados, lo primero que hay que tener en cuenta es el tiempo, pues se debería conseguir tenerlo todo a punto y preparado para cuando lleguen. De esta manera, se puede entablar conversación a medida que van llegando sin perder la ocasión por no tenerlo todo preparado. Para que tanto los anfitriones como los invitados se encuentren cómodos y disfruten de esos momentos, los siguientes consejos ayudarán a mejorar los detalles de la celebración y hacer de ésta una velada inolvidable.

Poner bien la mesa

Una mesa con todo lujo de detalles es un punto asegurado para el éxito. ¿A quién no le gusta recrearse la vista sobre una mesa bien puesta? Unas flores en el centro, que se quitarán cuando se sirva la comida, y un par de velas a cada lado de la mesa darán calidez y los invitados se sentirán muy acogidos. Los cubiertos se deben poner en orden: los más alejados del plato han de ser los del primero; después, los del segundo, y finalmente, al lado mismo del plato, los del tercero. Los cubiertos de los postres se ponen delante del plato, entre éste y las copas. Además del vaso del agua, se deben poner dos copas, una para el vino tinto y la otra para el vino blanco o rosado.

Puertas y ventanas navideñas

La decoración clásica de Navidad (el pesebre, el árbol, los adornos en la mesa) se puede completar adornando puertas y ventanas con motivos navideños. Con ello se consigue colaborar al ambiente de estas fechas, ya que en conjunto se crea un entorno muy familiar y acogedor.

Mesa de Navidad

La mesa de Navidad siempre será más acogedora si se decora con detalles navideños. Más allá de las tradicionales velas rojas, colocar un pequeño detalle (una estrellita, una felicitación personalizada) o una bonita corona de adviento como centro de mesa.

Corregir desaguisados

Cuando se cocina, es muy fácil equivocarse o que surjan problemas antes, durante y después de haber acabado la receta. Pero no hay que preocuparse, pues algunos de estos errores tienen soluciones sencillas que no alteran el resultado final.

● TRUCO 1 ●

Eliminar los olores de las manos

Después de limpiar pescado o manipular cualquier tipo de alimento de olor intenso, las manos cogen ese olor. Para desprenderse de estos olores, antes de lavarse las manos de la manera habitual, un buen truco es frotárselas con sal o vinagre.

● TRUCO 2 ●

Demasiada sal

Es muy fácil rectificar el exceso de sal. Si se trata de verdura, se puede añadir la cantidad de agua que sea necesaria para recuperar el punto exacto de sal. Si el exceso de sal se ha producido en la cocción de las patatas, hacer puré mezclándolas con leche. Si es el guiso lo que ha quedado salado, un buen truco consiste en añadir trozos de patata cruda, y cuando esté hervida, retirarla.

● TRUCO 3 ●

Exceso de grasa

Si el guiso presenta un exceso de grasa, añadirle un par de hojas de lechuga cuando aún esté caliente, dejarlas dos minutos y sacarlas inmediatamente. Otra solución es echar cubitos de hielo y retirarlos enseguida, pues la grasa habrá quedado pegada a ellos. Si el plato ya está cocinado, basta con ponerlo en el frigorífico y sacar la grasa acumulada en la superficie cuando esté fría.

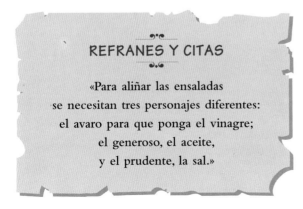

REFRANES Y CITAS

«Para aliñar las ensaladas
se necesitan tres personajes diferentes:
el avaro para que ponga el vinagre;
el generoso, el aceite,
y el prudente, la sal.»

● TRUCO 4 ●

Baño maría

A veces, cuando se calienta o se cuece algo al baño maría, el agua de la olla se derrama al hervir y ensucia y quema los fogones. Para evitarlo, colocar dentro del agua hirviendo unas cuantas cáscaras de huevo.

● TRUCO 5 ●

Mayonesa cortada

Para recuperar la mayonesa que se ha cortado, batir en un recipiente aparte una yema de huevo con una pizca de sal y un poco de aceite. Sin dejar de remover y muy poquito a poco ir añadiendo con una cucharilla la mayonesa cortada a la nueva preparación.

● TRUCO 6 ●

Arroz en el salero

A causa de la humedad, la sal tiende a apelmazarse dentro del salero. Con unos cuantos granos de arroz en el fondo del salero, la sal siempre permanecerá seca y suelta.

CONSEJOS DE LA ABUELA...

EL ACEITE SALPICA

Para evitar que el aceite salpique al freír, echar un poco de sal en la sartén.

REFRANES Y CITAS

«El pan con ojos,
el queso sin ojos,
el vino que salte a los ojos.»

● TRUCO 7 ●

Nata montada

Si la nata montada no se mantiene en el plato, los postres quedan arruinados. Para evitar este problema, sólo hay que añadir un poco de gelatina en polvo por cada taza de nata.

● TRUCO 8 ●

Arroz quemado

Si al cocinar el arroz se empieza a sentir olor a chamuscado, lo que se debe hacer es apagar inmediatamente el fuego. A continuación, poner sobre el arroz dos o tres cortezas de pan y tapar la cazuela unos minutos. De esta manera se consigue que el arroz no pierda su sabor.

Pequeños problemas

A veces, los problemas que se presentan a la hora de cocinar no tienen nada que ver con las recetas, sino que surgen por un mal uso de los utensilios o en la manipulación de los alimentos. Para no perder los nervios con estos pequeños percances, nada mejor que los siguientes trucos.

● TRUCO 1 ●

Vidrio resistente al calor

Ofrecemos a alguien una infusión en un vaso, ¿cómo evitar que le estalle el vaso con el calor? Es muy simple, basta con colocar previamente una cucharilla en el vaso. A continuación, puede echarse sin miedo el agua hirviendo. No se producirá ningún contratiempo.

● TRUCO 2 ●

Tapón que se resiste

Cuando un tapón de corcho no quiere entrar en una botella previamente descorchada, hervir el corcho durante unos minutos. ¡Entrará sin dificultad!

● TRUCO 3 ●

Abrir un tarro sin esfuerzo

Una buena solución para abrir aquellos tarros de vidrio que se resisten, es hacerlo con un guante de goma puesto en la mano con la que se tiene que girar la tapa. El guante hace que la mano no resbale al girar y que, con menor esfuerzo, se logre el objetivo.

CURIOSIDADES DE LA BOTICA

TAPÓN DIFÍCIL DE SACAR

Si no se consigue sacar a la primera el tapón de una botella, basta con calentar el cuello en la llama de una vela.

● TRUCO 4 ●

Plumas de pollo

Un sistema rápido, fácil y eficaz de sacar sin esfuerzo las plumas rebeldes que quedan en el pollo es rebozarse bien los dedos con sal; de esta manera, éstos no resbalarán y se podrán extraer hasta las plumas más pequeñas en las zonas más difíciles de manipular.

● TRUCO 5 ●

Partir nueces ya no es un problema

Partir sin esfuerzo las nueces es una tarea casi imposible. Para remediarlo, poner las nueces en un bol con agua salada y dejarlas macerar durante toda la noche. Al día siguiente, abrirlas ya no significará un problema.

CURIOSIDADES DE LA BOTICA

CÓMO SABER SI LOS HUEVOS
SON FRESCOS

Los huevos son un producto especialmente delicado, ya que si está pasado puede producir trastornos de bastante gravedad. Un método infalible para reconocer si un huevo es fresco es introducirlo en un recipiente con agua fría. Si el huevo queda en el fondo, éste es totalmente fresco; si queda inclinado, el huevo tiene aproximadamente una semana; si se queda recto sobre el extremo más estrecho, es que tiene entre dos y tres semanas; pero si flota, indica que se trata de un huevo viejo y más vale no comerlo.

● TRUCO 6 ●

Corcho para ablandar la carne

Si se sospecha que un filete de carne va a resultar un poco duro para la dentadura, se puede intentar ablandarlo colocando en la plancha o la sartén un tapón de corcho.

REFRANES Y CITAS

«Comer verdura es cordura.»

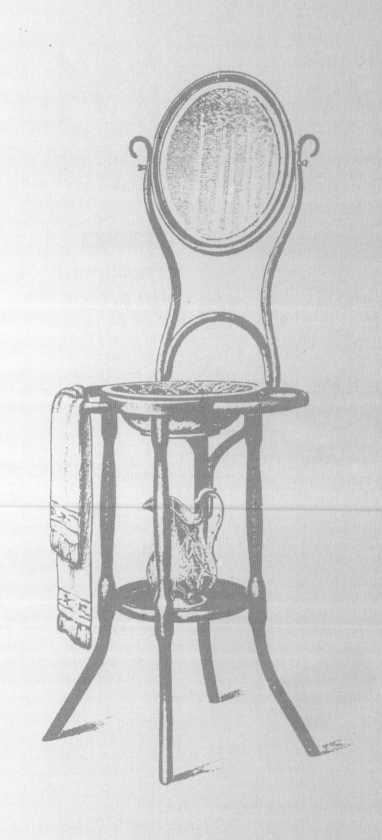

EL CUARTO DE BAÑO

La limpieza y el orden son mucho más necesarios
en el baño que en cualquier otro lugar de la casa,
pues en él se lleva a cabo la higiene personal
e íntima. Polvos de tiza, vinagre o limón, entre
otros muchos productos naturales, son eficaces
limpiadores y desinfectantes, que evitan tener que
recurrir al uso de productos químicos y abrasivos
que pueden estropear el baño y provocar una
contaminación innecesaria. La cisterna, la grifería
y los desagües también pueden plantear problemas
si no se cuidan adecuadamente.

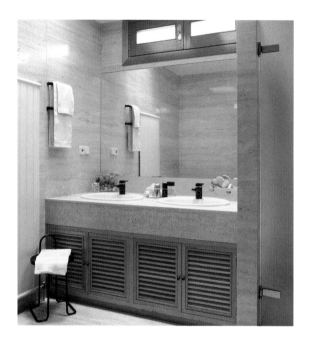

El lavabo

En el lavabo es muy fácil la acumulación de agua y de cal, ya que sus grifos se abren muy a menudo para lavarse las manos o refrescarse la cara. También hay que poner mucho cuidado para evitar que el desagüe se atasque e intentar desinfectar periódicamente la cañería para que no se produzcan malos olores. El espejo, el complemento inseparable del lavabo, es un objeto muy útil que para que resulte decorativo debe mantenerse brillante.

● TRUCO 1 ●

Limpieza del espejo

El espejo del lavabo, además de ser una pieza útil para el aseo y la higiene personal, puede resaltar la decoración del cuarto de baño si siempre se mantiene bien brillante. Pero para lograrlo no bastará sólo con limpiarlo y pasarle un trapo, ya que habitualmente quedan lunas y huellas. Evitar este problema es fácil con esta sencilla receta.

◙ INGREDIENTES

- tiza
- alcohol de quemar

◙ PREPARACIÓN

- Llenar un bol hasta la mitad con alcohol de quemar.
- Desmenuzar la tiza y echar el polvo en el bol.
- Remover y amasar hasta lograr una crema espesa.

◙ APLICACIÓN

1. Untar un paño en la crema y frotar suavemente el espejo. Esperar ½ hora para que la crema se seque sobre el espejo.

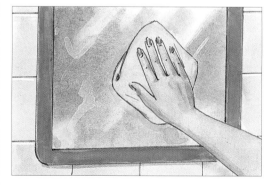

2. Limpiar y abrillantar pasando una gamuza suave.

El sanitario

El sanitario es un elemento que se ensucia diariamente y por ello hay que mantenerlo siempre limpio para asegurar la máxima higiene y desinfección. No se debe usar lejía para desinfectarlo, porque su uso continuado puede provocar grietas en el esmalte de la taza. Limpiarlo frecuentemente con la escobilla y usar periódicamente productos naturales es más que suficiente para garantizar limpieza y desinfección.

● TRUCO 1 ●

Desinfectante natural

Mantener las superficies del sanitario limpias y secas reduce de manera importante la necesidad del uso de desinfectantes.
De cualquier modo, la siguiente receta permite preparar uno totalmente natural.

◨ INGREDIENTES

- 6 cucharadas de bicarbonato
- 2 litros de agua

◨ APLICACIÓN

- Diluir el bicarbonato en el cubo de agua.
- Echar la solución en la taza del sanitario. Dejar actuar durante ½ hora antes de usar la cisterna.

● TRUCO 2 ●

Una cisterna que funciona

Acostumbrarse a echar un vaso de vinagre en la cisterna del sanitario una vez a la semana es un método sencillo y eficaz para asegurarse de que el mecanismo funcione siempre correctamente y evitar la aparición de averías. Dejar actuar toda una noche y por la mañana tirar de la cisterna varias veces.

CONSEJOS DE LA ABUELA...

TAPA BLANCA

Si la tapa del sanitario es de plástico, puede durar más tiempo blanca y sin amarillear echando unas gotas de alcohol de quemar y frotando suavemente con un paño seco.

AMBIENTADOR NATURAL

No es necesario utilizar ambientadores en el cuarto de baño si se friega el suelo regularmente con agua con vinagre.

AHORRO DE ENERGÍA

Es muy importante, hoy en día, no sólo tener en cuenta el ahorro económico personal, sino también el ahorro energético como forma de contribuir a salvaguardar el medio ambiente. A menudo se piensa que individualmente no se puede contribuir, pero lo cierto es que si cada uno aporta su granito de arena se consigue un ahorro energético mucho más importante de lo que se puede imaginar.

APAGAR EL LAVAVAJILLAS EN EL SECADO

El lavavajillas es un aparato que consume mucho. En el proceso de secado final, el gasto de electricidad es considerable. Una manera de ahorrar electricidad es apagar el lavavajillas antes de que termine el programa, cuando empieza el secado. Simplemente abriendo la puerta, los platos y el menaje se secarán solos.

ABRIR VENTANAS SÓLO UN RATO

En pleno invierno, es innecesario mantener las ventanas mucho rato abiertas, ya que sólo se consigue que el calor de la casa se pierda. Para ventilar las habitaciones y la casa en general, sólo se necesitan unos pocos minutos, no más de diez, y de esta manera el calor que desprenden las calefacciones no se derrocha.

AHORRAR ELECTRICIDAD

Hacer que el radiador desprenda más calor y así ahorrar energía es tan sencillo como poner una hoja de papel de aluminio entre el radiador y la pared. Sujetar la hoja a la pared con cuatro puntas de celo en un lugar que no sea visible. El aluminio actuará como eficaz difusor del calor.

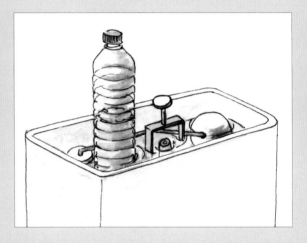

BOTELLAS DE AGUA EN LA CISTERNA

Una manera muy fácil y segura de ahorrar agua es colocar un peso (una botella llena de agua o un ladrillo) dentro de la cisterna del sanitario. Así el nivel del agua de la cisterna sube más y no entra tanta agua dentro de la misma, con lo cual, cuando se vacía, no se derrocha tanta agua. Sea cual sea el peso que se ha elegido, hay que colocarlo con cuidado para no estropear el mecanismo.

PLANTAS AUTÓCTONAS

A menudo las plantas exóticas llaman mucho la atención por su colorido y su exuberancia. Pero presentan el inconveniente de que les cuesta mucho adaptarse al nuevo clima, con lo que tienen que recibir muchas más atenciones y cuidados que las autóctonas. Uno de estos cuidados es, sin duda, el riego, ya que generalmente este tipo de plantas necesita mucha más cantidad de agua que las propias del país. Por eso es muy recomendable cultivar las plantas del lugar, ya que, además de que crecerán mucho más bonitas porque están en su hábitat, sólo necesitarán el agua de su propio clima.

REGAR A GOTEO

Una manera de derrochar mucha agua es en el momento de regar las plantas. Para evitarlo un truco muy fácil y que, además, las plantas agradecen espléndidamente, es regar gota a gota. Si se dispone de una manguera, nada mejor que colocarla dentro de las macetas una por una y dejar que el agua discurra gota a gota.

RECOGER EL AGUA EN INVIERNO

En invierno, mientras se espera que salga el agua caliente por el grifo para la ducha, se puede recoger el agua en un cubo para después aprovecharla bien para fregar o bien para regar.

VIVIENDAS ECOLÓGICAS

Hoy en día ya se están construyendo lo que se conoce con el nombre de casas inteligentes. Éstas están dotadas de todo tipo de materiales y sistemas, controlados por ordenador, encaminados únicamente al ahorro de energía. Además, se edifican orientándolas en el espacio para aprovechar al máximo la luz y el calor solar.

Los materiales que se utilizan para su construcción son los más adecuados para aislar correctamente la casa, como por ejemplo corcho, madera, fibra de vidrio, lana mineral, etc. Estas viviendas están protegidas con cristales dobles, con lo que se consigue aislar del frío y mantener el calor en el hogar, y reducir notablemente el ruido, lo cual es muy ventajoso si se vive en una zona de mucho tránsito.

Toda la casa dispone de un sistema de sensores que encienden y apagan automáticamente la luz y la calefacción ante la presencia de personas, y también tienen unos aspersores que controlan el riego de las plantas. Persianas que suben y bajan según la luz natural o el calor y alarmas que detectan escapes también son elementos que forman parte de esta nueva manera de entender el hogar.

La bañera y la ducha

Las superficies de las bañeras y las duchas tienden a amarillear y a perder el brillo con el paso del tiempo. También es muy común la aparición de suciedad provocada por el agua jabonosa y la cal. Si se limpian con productos inadecuados, hay el peligro de que el esmalte se raye.

● TRUCO 1 ●

Abrillantador natural

Un abrillantador humilde pero muy efectivo para que el esmalte de la bañera o de la ducha luzca brillante como el primer día es el siguiente: después de haber limpiado y secado bien toda la superficie, frotarla con la parte interior de pieles de naranja.

CURIOSIDADES DE LA BOTICA

Con el paso del tiempo, las esponjas se acartonan. Para recuperarlas de nuevo, un buen truco es introducirlas en agua con limón. Después, lavarlas con agua corriente y dejarlas secar al sol.

● TRUCO 2 ●

Ducha más blanca

Con el uso y el paso del tiempo, la superficie de la bañera o de la ducha queda amarilla, y por mucho que se friegue ya no se recupera el blanco del primer día. Este truco puede ser una solución.

◾ PREPARACIÓN

Poner vinagre en un cazo y calentar.

◾ APLICACIÓN

- Empapar una esponja en el vinagre y frotar con suavidad para no rayar la superficie.
- Aclarar abundantemente con agua fría y secar con un paño.

● TRUCO 3 ●

Desatascador eficaz

La receta que se presenta a continuación es una receta verdaderamente milagrosa para desatascar el desagüe de la bañera o del plato de la ducha.

▣ INGREDIENTES

- 2 cucharadas de sosa
- 2 cucharadas de sal
- agua

▣ PREPARACIÓN

- Echar en un bol la sosa y la sal.
- Remover el agua con un palo hasta que la sosa y la sal se hayan disuelto bien.

▣ APLICACIÓN

- Echar el preparado por el desagüe.
- Dejar actuar durante ½ hora, aproximadamente.
- Verter agua hirviendo lentamente.

CONSEJOS DE LA ABUELA...

EN CASO DE OBRAS

Si la bañera se ha ensuciado mucho a causa de las obras realizadas en el cuarto de baño, llenarla con agua y bicarbonato muy concentrado. Dejar actuar durante toda una noche.

A la mañana siguiente, vaciar la bañera y después frotar suavemente toda la superficie con una esponja empapada en una solución de zumo de limón y sal.

● TRUCO 4 ●

Mampara seca y sin manchas

La mampara de cristal de la bañera o de la ducha se limpia fácilmente con alcohol de quemar. Gracias a este truco, la mampara queda limpia y reluciente y sin manchas de agua.

● TRUCO 5 ●

Desagüe reluciente

Las manchas de óxido que se producen en el desagüe por la acumulación de agua se pueden quitar sencillamente frotándolo con ½ limón y sal.

● TRUCO 6 ●

Cortina de baño

En las cortinas de baño tienden a salir unas manchas negras que se producen a causa de la humedad. Para quitarlas se pueden poner las cortinas dentro de un cubo lleno de leche y dejarlas en remojo durante 24 horas.

La grifería

Mantener la grifería del cuarto de baño en óptimas condiciones requiere unos pocos cuidados periódicos que no comportan ninguna dificultad. Limpiar las juntas, cambiar periódicamente las zapatillas y vigilar las pequeñas fugas y filtraciones para que no se conviertan en un problema mayor es suficiente para garantizar el buen estado de la grifería. Siempre hay que procurar que los grifos no goteen ni dejárselos mal cerrados, pues el agua es un bien escaso que hay que preservar.

● TRUCO 1 ●

Juntas sin restos de cal

La cal del agua se incrusta fácilmente en la grifería. Debido a la cal, la grifería pierde brillo y en ella aparecen unas manchas mates que cuestan de quitar. Un sencillo truco para eliminar estos restos de cal es dejar actuar una solución de vinagre durante la noche.

▣ INGREDIENTES

- 1 cucharada de esencia de vinagre
- 2 cucharadas de agua

▣ PREPARACIÓN

- Diluir la esencia de vinagre en agua dentro de un bol.
- Mezclar bien.

● TRUCO 2 ●

Más contra la cal

En las juntas y las bases de los grifos se suelen formar incrustaciones de cal, que si no se eliminan con regularidad resultarán más difíciles de quitar. Para limpiarlas fácilmente y evitar que se acumulen, basta con frotarlas con un palito de algodón empapado en zumo de limón. Después, limpiar y secar con un paño.

▣ APLICACIÓN

1. Humedecer un paño en el líquido.

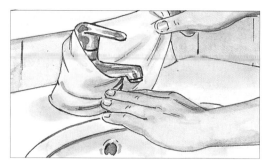

2. Envolver el grifo con el paño humedecido en la solución y dejar actuar unas 12 horas.

3. Sacar el paño y aclarar. Finalmente, secar con una gamuza.

● TRUCO 3 ●

Grifos brillantes

Las griferías de acero inoxidable vuelven a recuperar todo el brillo del primer día sólo con limpiarlas con unas gotas de alcohol de quemar y abrillantarlas con un paño suave.

● TRUCO 5 ●

Sólo con agua

Los grifos cromados o de acero inoxidable se pueden limpiar sólo con agua caliente. Después hay que secarlos bien con un trapo de algodón para que no queden manchas de agua ni de cal.

CURIOSIDADES DE LA BOTICA

EMERGENCIA: UN GRIFO GOTEA

Una solución provisional para no oír el goteo de un grifo y no perder los nervios con ello mientras llega el fontanero es atar un hilo al grifo para que la gota se deslice por él y no haga ruido.

● TRUCO 4 ●

Evitar manchas

Los grifos cromados pierden el brillo y se manchan debido a la humedad. Es muy fácil evitar este problema con la aplicación de esta sencillísima receta.

◘ INGREDIENTES

- 1 cucharada de bicarbonato
- vaselina
- agua

◘ PREPARACIÓN

- Disolver el bicarbonato en un cazo con agua.
- Poner el cazo al fuego y llevar a ebullición.

◘ APLICACIÓN

- Pasar un trapo untado en vaselina por el grifo.
- Dejar actuar durante ½ hora, aproximadamente.
- Lavar el grifo con el agua bicarbonatada.
- Sacar brillo y secar.

CONSEJOS DE LA ABUELA...

Un buen truco para proteger los grifos que pasan mucho tiempo sin usar, como es el caso de los grifos de segundas residencias, es untarlos con un poco de vaselina con la ayuda de un algodón. De esta manera se evita que se oxiden. Antes de volverlos a utilizar, se han de limpiar con un paño.

Los azulejos

Los azulejos del cuarto de baño limpios, brillantes y relucientes, además de higiene y limpieza, proporcionan una sensación muy agradable a la vista, ya que mejoran considerablemente la decoración de la estancia.

● TRUCO 1 ●

Juntas siempre blancas

Las juntas de los azulejos, con el paso del tiempo y la humedad, se van volviendo negras. Aplicando de vez en cuando sobre las juntas ennegrecidas el siguiente preparado, de fácil elaboración aunque un poco laborioso de aplicar, se consigue que queden permanentemente blancas.

◘ INGREDIENTES

- blanco de España
- 2 cucharadas de jabón en escamas
- 1 cucharada de alcohol

◘ PREPARACIÓN

- Mezclar bien los ingredientes en un bol hasta conseguir una pasta espesa.

● TRUCO 2 ●

Limpiar sin esfuerzo

Limpiar los azulejos del cuarto de baño inmediatamente después de haber utilizado la bañera o la ducha facilita extraordinariamente el trabajo, pues el vapor habrá ablandado la suciedad. Si no hay tiempo para limpiarlos a fondo, hay una solución de emergencia: después del vapor, secar los azulejos con una bayeta ligeramente humedecida en alcohol.

◘ APLICACIÓN

1. Después de rascar las juntas ennegrecidas, pasar el aspirador para quitar la suciedad.

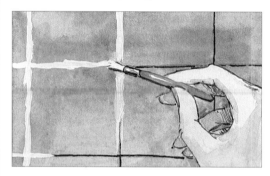

2. Aplicar el preparado en las juntas con un pincel.

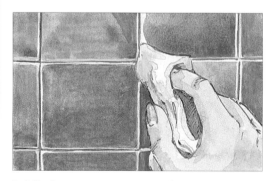

3. Eliminar con un paño seco la pasta que gotee o que rebose de las juntas, y volver a pasar el cepillo suavemente para acabar de dibujar las juntas.

● TRUCO 3 ●

Limpiabaldosas ecológico

Si el cuarto de baño está decorado con azulejos de color claro, nada mejor que esta fácil receta para que recuperen todo su brillo.

▣ INGREDIENTES

- ½ kilo de jabón en escamas
- 2 puñados de bicarbonato
- 4 litros de agua

▣ PREPARACIÓN

- Poner el agua a calentar.
- Echar el jabón y el bicarbonato en un recipiente de unos 5 litros de capacidad.
- Añadir el agua caliente.
- Remover para mezclar.

▣ APLICACIÓN

- Salpicar las paredes de azulejos con un cepillo humedecido en la solución.
- Fregar los azulejos pasando un paño.
- Secar y abrillantar con otro paño.

CURIOSIDADES DE LA BOTICA

AZULEJOS RELUCIENTES

La leche desnatada devuelve el brillo a los azulejos mates. Humedecer un paño en la leche y frotar los azulejos. Abrillantar después con un paño seco.
El agua de la cocción de las patatas también constituye una excelente «lejía natural» para desengrasar y limpiar las baldosas muy sucias.

● TRUCO 4 ●

Limpiar con tiza

Se puede elaborar una práctica crema para limpiar los azulejos humedeciendo un trozo de tiza en agua y amasándola hasta obtener una pasta espesa. Aplicar con un paño. Abrillantar con otro paño seco. Los azulejos recobrarán todo su brillo y las juntas recuperarán su color.

● TRUCO 5 ●

Azulejos muy sucios

Si los azulejos están especialmente sucios, empapar una esponja en vinagre sin diluir. Frotar enérgicamente. Aclarar abundantemente con agua. Secar y abrillantar con un paño.

CONSEJOS DE LA ABUELA...

MANCHAS DE CEMENTO

Después de hacer reparaciones en el cuarto de baño, pueden quedar manchas de cemento en los azulejos. Se eliminan frotando con un paño empapado en vinagre hirviendo. Para ello, es necesario ponerse guantes. Frotar después los restos de cemento con un cepillo vegetal, repitiendo la operación hasta que la mancha desaparezca.

SUELOS Y PAVIMENTOS

Un suelo personaliza una habitación o da un sello distintivo a toda la casa. Cada material –barro, mármol, parquet, moqueta– precisa cuidados específicos, pero muchas veces la solución para mantenerlo en perfecto estado pasa por lo más sencillo. Además, cada material proporciona una sensación diferente: frío, calor, calidez...

Suelos de barro

Los suelos de barro proporcionan a la casa un aire rústico y acogedor, a la vez que resultan muy frescos, por lo que son ideales para lugares calurosos. Asimismo, el barro se utiliza mucho para terrazas, donde el agua y las plantas ensucian mucho. Los suelos de barro precisan unos cuidados muy sencillos para mantenerlos siempre en buenas condiciones.

● TRUCO 1 ●

Barro deslucido

Si el suelo de barro se va desluciendo, se puede poner un poco de cera líquida en el agua de fregar, y esto ayudará a nutrir los baldosines. Para evitar el desgaste, una vez al año es conveniente aplicar aceite de linaza sobre el suelo con una brocha o un rodillo.

● TRUCO 2 ●

Manchas y desperfectos

Si el suelo de barro se ha estropeado o tiene manchas que no desaparecen con la limpieza habitual, lo más aconsejable es lijarlo. Así se consigue igualar la superficie, que con el tiempo y el uso tiende a alterarse y desgastarse.

CURIOSIDADES DE LA BOTICA

LOS CERCOS DE LAS MACETAS

Lo más común es que en los suelos de barro de las terrazas aparezcan cercos que dejan las macetas de las plantas. Para quitarlos sólo debe usarse agua templada y jabón neutro, y lavarlo con una bayeta. Jamás deben usarse lejías u otros productos abrasivos. Si la zona ha perdido el color, se puede aplicar cera roja de silicona para recuperarlo.

CONSEJOS DE LA ABUELA...

LIMPIEZA HABITUAL

La limpieza cotidiana de los suelos de barro es muy sencilla: basta fregarlos con agua y jabón, con la fregona bien escurrida. Pero no hace falta hacerlo diariamente pues pierden su aspecto y color originales si se friegan demasiado.

Suelos de gres

El gres es un material muy resistente e impermeable, lo cual favorece que se pueda fregar con mucha facilidad y casi con cualquier producto. Por sus mismas características, se puede afirmar que, para mantener el gres en condiciones, basta agua y jabón. Sólo hay que evitar una cosa: pisarlo cuando esté mojado, pues es muy resbaladizo.

● TRUCO 1 ●

Espuma seca

El gres, aunque es un material muy fácil de mantener limpio, con el uso puede perder su brillo original. Para que conserve su belleza durante más tiempo, basta aplicar periódicamente esta espuma seca, elaborada a partir de una fórmula muy sencilla.

▣ INGREDIENTES

- polvos de piedra pómez
- 1 cucharada de bórax

▣ PREPARACIÓN

- Echar en el cubo de fregar los polvos de piedra pómez.
- Verter la cucharada de bórax y mezclar bien.

▣ APLICACIÓN

1. Aplicar la cera en el suelo frotando con un estropajo de esparto.

2. Aclarar con agua limpia y dejar secar.

CURIOSIDADES DE LA BOTICA

BÓRAX Y PIEDRA PÓMEZ
Recordar que el bórax es un producto muy abrasivo y que sólo hay que usarlo tal y como indica la receta.
Tanto el bórax como la piedra pómez se encuentran en las droguerías, aunque la piedra pómez también se puede comprar en algunas tiendas de cosmética o farmacias.

● TRUCO 2 ●

Limpiar las juntas

Las juntas de las baldosas de gres se van ennegreciendo debido a la suciedad. Pero pueden quedar como nuevas si se les aplica una mezcla de polvo de creta y alcohol con un cepillo de dientes viejo o con un pincel. Una vez secas, frotar con una bayeta de lana o con una fregona seca de algodón.

SEGURIDAD EN EL HOGAR

En los hogares siempre se guardan objetos que no sólo pueden tener un cierto valor económico sino que, a buen seguro, tienen un gran valor sentimental. Para evitar robos y disgustos, lo mejor es hacer del hogar un lugar seguro sin sentirse encerrado. Además, hay que extremar las precauciones, sobre todo, durante el período de las vacaciones, ya que es el tiempo en que los ladrones suelen actuar más al quedar la casa y el vecindario vacíos.

PUERTAS ACORAZADAS
Las puertas acorazadas son indispensables si no se quiere que los ladrones entren tranquilamente por la puerta principal. Este tipo de puertas, al igual que las blindadas, ofrecen una gran seguridad para que no se puedan abrir con ganzúas ni con palancas.

REJAS EN LAS VENTANAS
Las ventanas constituyen una buena entrada a la casa para los ladrones, pues se pueden asaltar fácilmente desde la calle, si se trata de un piso bajo, o desde la casa del vecino en los pisos altos. Unas rejas de hierro fuertes, además de seguridad, pueden proporcionar un toque decorativo si se elige un modelo estético.

PINTURA DESLIZANTE
La pintura deslizante es muy aconsejable para pintar los tubos del gas, la calefacción o cualquier otro tipo de cañería que vaya por el exterior de la vivienda. Estos tubos pueden servir a los ladrones para subir o bajar, por lo que la pintura deslizante puede ayudar a no dar facilidades.

BUZONES VACÍOS
La confianza con los vecinos es básica para evitar los robos en las casas. Al marchar de vacaciones, es muy aconsejable dejar la llave

del buzón a un vecino para que saque la correspondencia del buzón. Un buzón rebosante de correspondencia es signo inequívoco de que la casa está vacía.

LUCES ABIERTAS

Las luces son una de las señales que ponen más claramente en evidencia que la casa está vacía. Una manera de despistar a los ladrones que están al acecho de una vivienda es tener un sistema automático de encendido y apagado de luces que permita que éstas se enciendan de vez en cuando para que, cuando no hay nadie, parezca que la casa esté habitada.

INSTALAR ALARMAS

La forma más clásica y segura de evitar robos en el hogar es instalar una alarma. Cuando alguien intenta entrar en la casa, la alarma se dispara y alerta inmediatamente a todo el vecindario. Algunas alarmas contactan de inmediato con la policía, con lo que el ladrón lo tiene muy difícil para escapar.

CORTINAS ABIERTAS

Si se dispone de un sistema de apertura de cortinas electrónico, nada mejor que un temporizador para abrirlas y cerrarlas cuando uno quiera. Una manera de hacer creer a los ladrones que la casa está ocupada mientras los inquilinos están de vacaciones es programar el sistema para que abra y cierre las cortinas automáticamente. Lo mejor es programarlo para que cada día se active en diferentes horas, y así despistar más a los ladrones.

Suelos de mármol

El mármol es un material poroso, resistente y frío. Por ello, los suelos de mármol son ideales para combatir el calor y tradicionalmente se han utilizado en zonas de clima cálido. Sin embargo, el mármol requiere unos cuidados especiales y no puede ser tratado con productos abrasivos porque lo pueden rayar o hacer perder el brillo.

● TRUCO 1 ●

Conservación del mármol

Los suelos de mármol se conservan en buen estado con un simple barrido o una pasada de aspirador. Para conservar el brillo no hace falta encerarlos con mucha frecuencia, basta con frotarlos a menudo con una bayeta de lana.

● TRUCO 3 ●

Mantenimiento del mármol

Cuando, con el tiempo, el mármol pierde el brillo se puede encerar pasando previamente una mopa humedecida en agua caliente. Cuando el suelo esté seco, aplicar cera extendiéndola bien. Después, avivar el brillo frotando con un paño de lana.

● TRUCO 2 ●

Enceradora casera

Un trapo del polvo atado a la escoba es una excelente enceradora casera. Untar el trapo con una poca cantidad de cera y extenderla bien por el pavimento. Antes de encerar por primera vez, barrer y fregar a fondo el suelo.

CONSEJOS DE LA ABUELA...

ZONAS SUCIAS

Las zonas más sucias del mármol se deben limpiar con un cepillo de cerdas gruesas y agua con jabón. Aclararlo y secar con una mopa. No hay que usar nunca productos abrasivos con el mármol.

● TRUCO 4 ●

Manchas de vino

Las manchas de vino tinto que pueden caer en el pavimento de mármol del comedor o de la cocina se limpian fácilmente virtiendo inmediatamente sobre la mancha un chorro de vino blanco. Frotar con una esponja humedecida en agua tibia. Luego secar y abrillantar con un paño.

● TRUCO 6 ●

Quitar los arañazos

Los suelos de mármol se rayan muy fácilmente con los zapatos. Estas rayadas se pueden eliminar cubriéndolas con cera muy espesa. Después, retirar la cera sobrante frotando suavemente con un paño.

❊❊ REFRANES Y CITAS ❊❊

«El vino es la bebida de los hombres, pero el agua es la bebida de los dioses.»

CURIOSIDADES DE LA BOTICA

El mármol se impuso como material en las casas particulares a partir del siglo XIX, con el advenimiento de la Revolución Industrial y el auge de la burguesía, primero se utilizó en las escaleras de las casas de vecinos para imitar los palacios de la aristocracia.

● TRUCO 5 ●

Manchas de grasa

He ahí tres trucos para quitar las manchas de grasa en un suelo de mármol.

◘ APLICACIÓN

1. Espolvorear la mancha con sal. Cepillar y echar más sal hasta que absorba la mancha.

2. Si la mancha no se va, verter leche agria encima de ella.

3. Para las manchas más rebeldes, cubrir la mancha con un paño empapado en leche y dejar actuar. Después frotar con otro paño. Secar y abrillantar.

Suelos de madera y parquet

Los pavimentos de madera y parquet son los que requieren más cuidados y los más delicados, pero este inconveniente queda compensado si se tiene en cuenta que dan mucha calidez al ambiente y que son ideales para mantener el calor. Aunque este tipo de suelos estén barnizados, es aconsejable aplicar una cera muy líquida a base de silicona para proteger y proporcionar más duración al barniz.

● TRUCO 1 ●

Eliminar rayas

Cuando el parquet sufre arañazos, el suelo ofrece un aspecto viejo y deteriorado. En esta situación, por más que se encere, los arañazos profundos no desaparecen. Si todavía no es el momento de cambiar el suelo, esta receta puede ayudar a solucionar el problema.

◻ INGREDIENTES

- betún marrón para calzado
- cera para suelos

◻ APLICACIÓN

- Frotar suavemente la raya con el estropajo, tratando de no extender en exceso la zona dañada.
- Añadir una pizca de betún marrón a la cera para suelos, mezclando bien hasta que tome color.
- Untar un paño y aplicar sobre la raya hasta que cubra.

● TRUCO 2 ●

Quitar arañazos

Poner retales de gamuza en las patas de los muebles es un buen sistema para evitar que el parquet se raye. En el caso de que los arañazos ya se hayan producido, disimularlos rascándolos con papel de lija muy fino. Quitar el polvo resultante con un trapo, teniendo cuidado para no provocar nuevas rayas. Finalmente, aplicar una capa muy fina de aceite de linaza.

Ajo para las rayas

Los pequeños arañazos que se producen en un suelo de parquet se pueden eliminar frotando con un diente de ajo hasta rellenar la raya. Dejar secar y pasar una lija fina para eliminar el sobrante.

Repelente de las manchas

Proteger las zonas de paso, como el recibidor, el pasillo o el comedor, donde el parquet se mancha con más frecuencia, pasando la fregona humedecida en agua con vinagre.

CONSEJOS DE LA ABUELA...

IGUALAR EL COLOR

Con el sol, la madera pierde el color. Cambiar los muebles de lugar y retirar las alfombras durante el verano son trucos fáciles de llevar a cabo para que el color del parquet se iguale en toda la dependencia.

ESCOGER EL PARQUET

A la hora de escoger el parquet, además de tener en cuenta el color y la forma que presenta, hay que procurar que tenga un buen nivel de dureza y resistencia al desgaste. Las maderas que cumplen mejor estos requisitos son el haya, el arce, el roble, el iroco, el merbau y la jatoba.

Suelos que crujen

Eliminar los ruidos que pueden hacer la madera o el parquet no conlleva ninguna dificultad. Sólo hay que llevar a cabo este sencillo truco para conseguirlo.

◘ APLICACIÓN

1. Espolvorear las juntas con polvo de talco.

2. Hacer penetrar bien los polvos de talco con un cepillo.

3. Por último, dar pequeños saltitos encima para que se introduzcan hasta el último rincón.

Las moquetas

Un suelo de moqueta proporciona una sensación de recogimiento en la dependencia donde se ha colocado. Además es ideal para lugares fríos, pues mantiene el calor dentro de la casa, y permite ir cómodamente descalzo. La gran variedad de colores que se puede encontrar en el mercado es una gran ayuda para realizar una decoración bella y acogedora. El único inconveniente que presenta es que acumula mucho polvo, aunque éste se quita fácilmente con el aspirador.

● TRUCO 1 ●

Restaurar una moqueta dañada

A veces, la moqueta sufre un desperfecto que es imposible reparar. Cuando esto ocurre, hay que cambiar el trozo dañado por uno nuevo de la moqueta sobrante que quedó al colocarla. ¿Cómo se puede hacer? Con un poco de paciencia y habilidad, se puede recuperar totalmente siguiendo paso a paso este proceso.

> ## CONSEJOS DE LA ABUELA...
>
> ### EVITAR MARCAS
>
> Una forma de evitar que las patas de los muebles dejen marcas en la moqueta es pegar retales sobrantes de la propia moqueta debajo de las patas.

▣ APLICACIÓN

1. Enmarcar dentro de un cuadrado el desperfecto que se ha producido en la maqueta. Cortar el cuadrado con un *cutter* usando una regla para que los cortes queden rectos.

2. Quitar el trozo recortado con la ayuda de una espátula. Utilizar este trozo como modelo para recortar el trozo nuevo que hay que colocar.

3. Encolar tanto la parte trasera del trozo nuevo como el suelo y esperar unos minutos antes de colocarlo. Después colocar la pieza y presionar.

4. Pasar un cepillo de cerdas por la parte nueva una vez se haya secado para igualar la dirección del pelo. De esta manera, el trozo nuevo quedará totalmente disimulado.

● TRUCO 2 ●

Manchas de café

Nada más fácil que quitar una mancha de café en la moqueta: pasar un cubito de hielo por encima para diluirla. Si queda cerco, frotar con un paño humedecido en alcohol.

● TRUCO 4 ●

Recuperar el color

En las zonas de más uso, sobre todo en la habitación de los niños, las moquetas pierden fácilmente el color, y en poco tiempo se muestran diferencias con otras zonas de la habitación. Para recuperar plenamente estas zonas, frotarlas enérgicamente con un paño humedecido en agua con gas o en gaseosa. Después secar con otro paño.

● TRUCO 5 ●

Cepillar y limpiar el barro

Las manchas de barro en la moqueta pueden ser un problema cotidiano, sobre todo en las casas donde hay niños y que disponen de jardín. Es mejor esperar a que el barro se seque, pues es más fácil limpiar la mancha retirando el barro seco con un cepillo o con el aspirador. Si queda cerco, pasar primero un paño mojado en agua fría y después lavar la zona con una esponja ligeramente humedecida en agua con vinagre o en alcohol de quemar.

● TRUCO 3 ●

Desprender cera

Es muy fácil que caiga cera encima de la moqueta cuando hay velas encendidas en la casa. Pero no hay que preocuparse: la solución es tan sencilla como económica.

◻ APLICACIÓN

1. Recoger toda la cera que se pueda antes de que se enfríe con una cuchara.

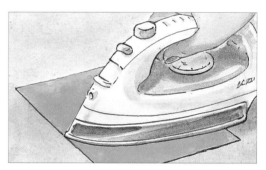

2. Cubrir los restos de cera pegados con papel secante y pasar por encima la plancha tibia. ¡La cera habrá desaparecido!

CURIOSIDADES DE LA BOTICA

Si la moqueta es nueva, es aconsejable no pasarle el aspirador durante los dos primeros meses: sólo hay que cepillarla bien. Es una buena manera de evitar que la lana forme pelusa.

Las alfombras

Las alfombras dan prestancia y calidez a una casa. Además de constituir un buen elemento de decoración, también pueden servir para cubrir suelos estropeados o para crear un ambiente acogedor. Precisan una limpieza regular para eliminar el polvo y hay que prestarles cuidados especiales cuando se guardan, fuera de temporada. La limpieza cotidiana de una alfombra se hace pasando el aspirador o la escoba a fondo y a continuación frotando con un paño limpio.

● TRUCO 1 ●

Esquinas que se levantan

Con el tiempo, las esquinas de las alfombras acaban por levantarse, y esto provoca que queden en ellas unas feas arrugas difíciles de quitar con las que, además, es muy fácil tropezar.

APLICACIÓN

1. Poner la alfombra del revés y humedecer la esquina con una esponja mojada en agua y alcohol.

2. Dejar la esquina del revés durante toda una noche, prensándola con libros o con cualquier otra cosa pesada.

● TRUCO 2 ●

Conservar el color

Mantener los colores de forma fácil... ¡y barata! Espolvorear sobre la alfombra una capa de sal gruesa un poco humedecida, hasta cubrirla. Dejar actuar un rato y pasar el aspirador.

CURIOSIDADES DE LA BOTICA

Para reavivar los colores de las alfombras, nada mejor que la nieve. Después de pasar el aspirador por la alfombra para quitar la suciedad, sacar la alfombra a la intemperie cuando esté nevando.
Otra manera de reavivar los colores de la alfombra es espolvorearla con serrín humedecido en vinagre de vino blanco al sol; dejar secar y pasar el aspirador.

● TRUCO 3 ●

Lavarlas en la bañera

Las alfombras pequeñas se pueden lavar en la bañera con agua tibia y jabón. No dejarlas en remojo y frotarlas suavemente con un cepillo. Aclarar varias veces sin retorcer y tender para que se escurran.

● TRUCO 4 ●

Alfombra chamuscada

Las pequeñas señales de chamuscado en la alfombra se pueden eliminar frotando la parte afectada con una esponja mojada en agua oxigenada.

● TRUCO 5 ●

Aislamiento

Poner una capa de periódicos debajo de una alfombra no sólo aísla climática y acústicamente, sino que previene la acción de las polillas. De todos modos, lógicamente, hay que renovar los periódicos de vez en cuando.

CONSEJOS DE LA ABUELA...

Para eliminar las marcas de las patas de un mueble, poner un cubito de hielo en cada marca, dejar que se derritan totalmente. La humedad hará que el pelo recobre su forma original. Esperar a que se seque y luego pasar el aspirador.

Para evitar resbalones, es mejor no encerar el suelo debajo de las alfombras. Si se quiere cambiar de sitio una alfombra a una zona encerada, frotar dicha zona con vinagre.

● TRUCO 6 ●

Desprender chicle

Si por accidente se ha pegado un chicle a la alfombra, para desprenderlo sin dañar la alfombra puede llevarse a cabo el siguiente truco.

▣ APLICACIÓN

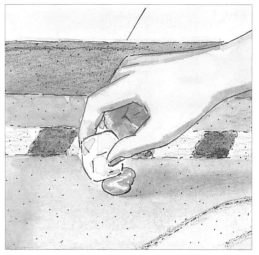

1. Pasar repetidamente un cubito de hielo sobre el chicle. Seguir con otro o más cubitos hasta que el chicle se haya endurecido lo suficiente.

2. Desprender con los dedos todo el chicle posible, teniendo cuidado de no arrancar también el pelo de la alfombra. Si han quedado restos, repetir la operación.

● TRUCO 7 ●

Cómo guardarlas

Cuando termina el invierno, hay que guardar las alfombras. Es importante hacerlo con esmero y tener en cuenta una serie de precauciones, pues de ello dependerá la buena conservación de las mismas. Antes de guardarla conviene haberla limpiado a fondo.

■ APLICACIÓN

1. Si la alfombra es pequeña, extenderla, cubrirla con papel de seda y envolverla con papel de periódico o de embalar.

2. Si la alfombra es grande, enrollarla de manera que el pelo quede en el interior y sujetarla con cinta adhesiva.

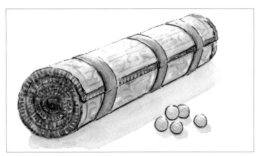

3. Guardarla en posición horizontal, jamás en vertical, pues se puede deformar fácilmente. Ponerla en un sitio seco y ventilado.

● TRUCO 8 ●

Alfombras descoloridas

Si al sacar las alfombras del año pasado se comprueba que han perdido el color, frotarlas con una esponja humedecida en agua de cocer patatas.

● TRUCO 9 ●

Vino en la alfombra

Si cae vino en la alfombra, secar primero la mancha con papel absorbente. Después frotar con un paño humedecido en agua carbónica.

● TRUCO 10 ●

Café en la alfombra

Si se derrama café encima de la alfombra, inmediatamente, cubrir la mancha con una bayeta para que absorba la mayor parte del café. Luego frotar el cerco que ha quedado con un paño humedecido en una mezcla de alcohol y vinagre de sidra a partes iguales. A continuación aclarar con agua.

CONSEJOS DE LA ABUELA...

MANCHAS EN LA ALFOMBRA

Cuando cae algo sobre la alfombra que la pueda manchar, lo primero que hay que hacer es eliminar la mayor cantidad posible de depósito, rascando suavemente, con una cuchara o papel absorbente. Después, limpiarla de la manera que sea más aconsejable según el tipo de mancha.

Suelos de corcho

El corcho es un excelente aislante: amortigua extraordinariamente los ruidos y mantiene las habitaciones calientes durante más tiempo. Habitualmente, las losetas de corcho se comercializan barnizadas, pero si no lo están se deben barnizar, pues se facilita su limpieza y conservación.

● TRUCO 1 ●

Papeles pegados

A veces pueden quedar papeles pegados en el suelo de corcho, especialmente en la habitación de los niños. Para quitarlos, verter unas gotas de aceite de linaza sobre el papel. Esperar unos minutos. Frotar con un dedo y despegar el papel.

● TRUCO 2 ●

Losetas que se levantan

Un inconveniente de las losetas de corcho son las esquinas que se levantan debido a una deficiente colocación o porque están sometidas a más desgaste. El roce continuo puede acabar rompiendo la esquina o haciendo saltar el revestimiento de corcho, en cuyo caso habrá que cambiar la loseta. Esta solución evita que el problema llegue más lejos.

◘ APLICACIÓN

1. Poner una cinta adhesiva de doble cara, una pegada a la loseta y la otra pegada al suelo.

2. Presionar bien y poner encima durante toda una noche un objeto de peso.

CURIOSIDADES DE LA BOTICA

AGUA SALADA

El corcho no admite que se moje en exceso. El polvo debe quitarse con la escoba o con una mopa seca. Sólo si el corcho está manchado, es conveniente pasar la mopa húmeda, bien escurrida.

Para fregarlo, se obtienen resultados más brillantes si se espolvorea con sal el agua.

TRUCOS DE ILUMINACIÓN

La decoración de la casa, hasta el último rincón, es vital para convertir el hogar en un lugar muy personal, cómodo y acogedor. Sin embargo, aún se puede sacar mucho más partido de la decoración con la iluminación, ya que ésta contribuye a crear ambientes de gusto totalmente personalizado. Crear ambientes acogedores, íntimos, alegres o simpáticos dependerá, en gran medida, de la luz que se haya escogido para iluminar una estancia.

ILUMINAR EL SALÓN

Para conseguir una luz general en todo el salón, la mejor solución son los focos, los ojos de buey empotrados en el techo, las lámparas de pie y los apliques dirigidos hacia arriba. Los focos deben estar orientados

ILUMINAR EL COMEDOR

Para que la mesa quede bien iluminada sin que ciegue a los invitados, es necesario poner una lámpara colgada a unos 65 u 80 cm de altura. Para que la decoración quede uniforme, se aconseja que la forma de la lámpara sea la misma que la de la mesa del comedor, es decir, si la mesa es redonda, la lámpara que sea circular; si la mesa es rectangular, que la lámpara sea alargada.

DISIMULAR DEFECTOS CON LA LUZ

La disposición de las luces ayuda a cambiar ópticamente el espacio. Para ampliar una habitación, nada mejor que dirigir la luz hacia arriba y hacia los lados; así la atención se concentra en las paredes y dará la sensación de amplitud.

Para ensanchar un pasillo estrecho, se puede iluminar únicamente una pared. Si el techo es bajo, hay que dirigir la luz hacia él, para elevarlo. En cambio, si es alto, mejor iluminar las paredes y dejar el techo en penumbra. Las habitaciones estrechas necesitan luz solamente en una de las paredes, mientras que las excesivamente grandes, se hacen pequeñas a la vista si se ilumina más un rincón.

hacia la librería, mientras que la zona del sofá se debe iluminar con lámparas de pie y de mesa, siempre con una luz de lectura colocada detrás y dirigida directamente hacia el sillón. Es aconsejable poner una lámpara de mesa cerca de la televisión. Mantenerla abierta nos permitirá no cansar la vista cuando miremos algún programa.

ILUMINAR LA COCINA
Es conveniente iluminar la cocina con focos empotrados y dirigir la luz general hacia los armarios; sin embargo, hace falta colocar luces directas en las zonas de trabajo, lo cual se puede lograr con fluorescentes debajo de los armarios.

ILUMINAR EL DORMITORIO
Crear un clima acogedor en el dormitorio es esencial para hacer de esta estancia el lugar

ILUMINAR EL BAÑO
La iluminación del baño es importante porque, con la ayuda del espejo, se consigue realzar su decoración.
Para eliminar las sombras en el espejo del baño, lo mejor es iluminarlo desde ambos lados, nunca con un solo foco en la parte superior. Para la iluminación general, los focos en el techo son la solución ideal.

más íntimo y relajante de la casa. Por tanto, no es necesario instalar una iluminación excesivamente fuerte, ya que se trata de conseguir un rincón de relax, sosiego, descanso e intimidad. La luz general se dirigirá a los armarios y las zonas de paso, y las lámparas de mesa deben ser suaves. Para leer, es mejor tener una lámpara de pinza que enfoque directamente el libro.

TECHOS Y PAREDES

Los techos y las paredes juegan un papel muy importante en la decoración de cada estancia de la casa. Sólo cambiando el color o el estampado de paredes y techo se proporciona a la vista una nueva imagen de la dependencia, que puede parecer más grande o más pequeña. Techos y paredes necesitan unos cuidados mínimos para ofrecer una sensación de limpieza y pulcritud. Sin embargo, una rica decoración pierde toda su belleza si la estancia no se presenta limpia y sin grietas ni manchas. Un mantenimiento regular y, de vez en cuando, una buena limpieza a fondo son suficientes para lograr el objetivo.

La pintura

Elegir los colores para decorar con gusto cualquier estancia de la casa es tan importante como elegir bien el tipo de pintura que se quiere utilizar. Actualmente se comercializan tanto pinturas ecológicas como pinturas plásticas o acrílicas. Todas ellas son lavables y, gracias a ello, basta una limpieza regular para mantener estas superficies impecables. Cuando se producen desconchones grandes o manchas de humedad, es más aconsejable volver a pintar.

● TRUCO 1 ●

Olor a pintura

Cuando se acaba de pintar una habitación, el olor a pintura resulta muy molesto. Para neutralizarlo sólo hay que poner un cubo de agua en el centro de la estancia, y el agua absorberá el olor. Otro remedio fácil y eficaz es dejar media cebolla boca arriba en un plato dentro de la habitación.

REFRANES Y CITAS

«Cada maestrillo, tiene su librillo.»

● TRUCO 2 ●

Zonas sucias

Las zonas de la pared donde con más frecuencia se apoyan las manos o los dedos, como los interruptores o la pared de una escalera, son las que están más sucias. Estas manchas de suciedad se eliminan muy fácilmente frotando suavemente con una patata cruda partida por la mitad.

● TRUCO 3 ●

Limpieza de techos

Cuando los techos amarillean por el humo y las calefacciones es más rápido y mejor darle una nueva capa de pintura que limpiarlo. Pero para la limpieza cotidiana, el polvo se puede quitar con el aspirador o atando una gamuza limpia en la escoba.

El papel pintado

El papel pintado es un elemento clave en decoración, la variedad de colores y estampados que posibilita ayuda a crear ambientes cálidos, alegres, sobrios, siempre al gusto de quien tiene que disfrutarlo. Los inconvenientes de limpieza o los problemas que se presentan a la hora de empapelar, se pueden solucionar con unos pequeños y sencillos trucos.

● **TRUCO 1** ●

Burbujas y arrugas

Colocar el papel pintado no requiere una técnica muy elaborada. Si uno es manitas, puede colocarlo él mismo con bastante facilidad, pero al empapelador no profesional, puede quedarle alguna arruga. La manera de eliminarla es simple.

● **TRUCO 2** ●

Planchar manchas

Las manchas en el papel pintado se deben limpiar lo antes posible, para que no se sequen. Un truco infalible para eliminar cualquier mancha, por más incrustada que esté, es recortar varios trozos de papel secante de un tamaño que cubra toda la mancha y aplicar varias veces la plancha caliente sobre el papel. Repetir la operación cambiando el papel secante hasta que la mancha desaparezca.

CONSEJOS DE LA ABUELA...

◆

LIMPIEZA DEL PAPEL PINTADO

◆

Para limpiar el papel pintado sólo hay que pasar un trapo húmedo por él y secarlo enseguida para que no pierda el color, no se deshaga o no se despegue.

◘ **APLICACIÓN**

1. Hacer un pequeño corte en la burbuja o la arruga con una cuchilla.

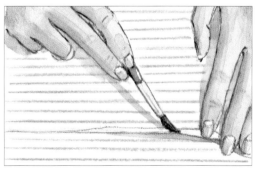

2. Aplicar un poco de cola por detrás con un pincel para cerrar el corte.

3. Luego pasar un trapo para alisar.

Corcho, madera y tela

Estos materiales son menos habituales en la decoración de las paredes de la casa porque son más delicados, pero dan una cierta singularidad a la estancia. El corcho y la madera, además, son ideales para aislar la habitación, es decir, para mantener el calor o evitar los ruidos. Las paredes de tela proporcionan una decoración muy alegre si se conjunta con la ropa de las cortinas, de la colcha o de la mesa camilla.

● TRUCO 1 ●

Pared de corcho

La limpieza cotidiana de los revestimientos de corcho de las paredes se hace simplemente con un paño seco para sacar el polvo. Si hay que lavarlos, se puede hacer aplicando una capa fina de jabón en escamas con un paño. Dejar actuar unos minutos y eliminar los restos de suciedad frotando con un cepillo viejo de la ropa ligeramente humedecido en agua caliente.

● TRUCO 2 ●

Paneles de madera

Los paneles de madera se pueden lavar con una esponja humedecida en agua tibia jabonosa. Si el barniz se desprende o forma rugosidades, frotar suavemente con un estropajo de acero o con un papel de lija extrafino impregnado en alcohol. Seguir siempre la dirección de la veta.

● TRUCO 3 ●

Paredes de tela

La mejor forma de mantener los revestimientos de tela es pasarles el aspirador a menudo, ya que no conviene dejar que se ensucien demasiado, pues difícilmente recuperarían su aspecto del primer día. Lavarlos en seco es la mejor solución para mantenerlos siempre impecables.

CONSEJOS DE LA ABUELA...

PAREDES DECORATIVAS

Las paredes de tela son las que ofrecen más posibilidades de decoración, ya que pueden hacer juego con la colcha o las cortinas.

Las chimeneas

La chimenea, además de proporcionar calor en el hogar, resulta un elemento muy decorativo. En invierno, se debería limpiar diariamente o, por lo menos, cada vez que se encienda. Es importante vigilar que tire bien para evitar rebufos del humo. Es aconsejable deshollinarla de vez en cuando, especialmente antes de que empiece el invierno, cuando se va a encender por primera vez después de permanecer apagada durante un período largo de tiempo.

● TRUCO 1 ●

Rejillas relucientes

Las rejillas y los accesorios metálicos de la chimenea conservan todo su brillo frotándolos periódicamente con betún y, luego, abrillantándolos con un paño limpio.

● TRUCO 2 ●

Fuego aromático

Si mientras se disfruta de un buen fuego en la chimenea se quiere aprovechar para obtener un aromatizador suave, echar piel de limón en el fuego. ¡Un suave aroma se expandirá por toda la estancia! Otro truco curioso relacionado con el fuego es espolvorearlo con un poco de sal cuando quiere reavivarse.

● TRUCO 3 ●

Sin polvo

Es conveniente recoger la ceniza cada vez que se usa la chimenea. Para que no se levante polvo, salpicar ligeramente la ceniza con agua y, a continuación, barrer con la escobilla, teniendo cuidado de no llenar en exceso el recogedor. Otro truco para evitar que se levante polvo es echar sobre la ceniza las hojas sobrantes de las infusiones de té.

REFRANES Y CITAS

«Consejo sin remedio,
es cuerpo sin alma.»

PINTURAS Y BARNICES

Las pinturas y los barnices sintéticos contienen hidrocarburos, metales pesados y otros ingredientes tóxicos. En algunos se han eliminado los ingredientes más tóxicos, como el plomo (usado como pigmento) o el cadmio (empleado por su poder secante). Pero muchas marcas siguen conteniendo disolventes, potencialmente peligrosos, y aunque algunas comercializan pinturas con la etiqueta de «ecológicas», hay que desconfiar, pues siempre contienen ingredientes derivados del petróleo. Por ello, si se usa una pintura sintética, es mejor que sea al agua, ya que es mucho menos nociva.

PINTURA NATURAL

Hoy en día se pueden usar pinturas elaboradas totalmente con productos naturales. Son pinturas a base de aceites vegetales (sobre todo, aceite de linaza), resinas y minerales. Al no contener aditivos plásticos ni disolventes, la superficie pintada se airea fácilmente, y así se evita la formación de humedad. Como no desprende vapores nocivos, es ideal para habitaciones de niños o de personas alérgicas.

Cuando se aplica por primera vez, hay que rascar la pintura anterior. Después admite capas sucesivas y dura muchos más años que la sintética. Existe pintura natural para interior y para exterior, resistente al óxido o para hierro. También hay lacas y barnices naturales, etc.

CÓMO PINTAR

• Si se pinta con brocha, dar los brochazos hacia arriba y a los lados para evitar que queden marcas. Efectuar varias pasadas hasta que la zona quede cubierta.
• Pintando con rodillo, verter pintura en la bandeja y rodar el rodillo encima para mojarlo. Aplicar la pintura en la pared pintando primero en una dirección y cruzando después en otra para cubrir. Al dar una nueva pasada, comenzar pintando con la parte central del rodillo sobre la pintura dada en la pasada anterior con los extremos, pues cubren menos.

EL EQUIPO DE PINTURA

Recipiente para la pintura, que puede ser el mismo bote de pintura si se pinta con brocha; pintando con rodillo es mejor verter la pintura en un cubo

Pinceles y brochas de distintos tamaños; las de pelo natural duran más que las sintéticas y se cae menos el pelo. También es necesaria una brocha al bies para pintar alrededor de los marcos de las ventanas y las puertas, los interruptores, etc.

Cinta adhesiva para proteger los cristales de las ventanas

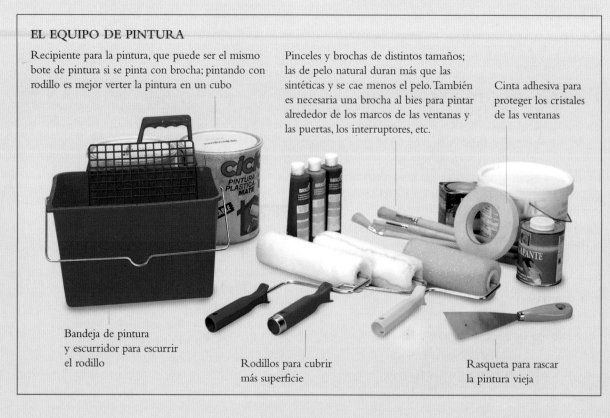

Bandeja de pintura y escurridor para escurrir el rodillo

Rodillos para cubrir más superficie

Rasqueta para rascar la pintura vieja

CÓMO EMPEZAR

El orden más aconsejable a seguir para pintar una habitación es comenzar por el techo, seguir por las paredes, pintando de arriba abajo, continuar por la puerta y acabar por el marco de la ventana y el zócalo.

ZONAS DIFÍCILES

Al realizar los acabados de algunas zonas, existe el riesgo de manchar la pintura de las paredes. El problema se puede evitar con algunas sencillas precauciones:

• Apoyar un cartón sobre la pared al pintar los marcos de puertas y ventanas y el zócalo.

• Forrar el borde del cristal con cinta adhesiva para pintar la parte interior de los marcos de las ventanas.

• Sujetar una hoja de papel detrás para pintar las tuberías de la calefacción.

ORDEN Y LIMPIEZA

• Antes de empezar a hacer cualquier trabajo, planificarlo bien.

• Preparar las herramientas y los materiales necesarios.

• Tomar las precauciones adecuadas de seguridad: usar correctamente las herramientas, asegurarse de que se dispone de una ventilación adecuada, etc.

• Guardar las herramientas pequeñas en una caja de herramientas.

• Disponer las herramientas grandes en un colgador de pared.

• Limpiar siempre las herramientas inmediatamente después de usarlas.

• Para evitar que se oxiden, meter en la caja de herramientas trozos de tiza o una bolsita de tela llena de arroz.

• Frotar las que ya se hayan oxidado con un estropajo de acero. Aplicar luego una capa de aceite de linaza.

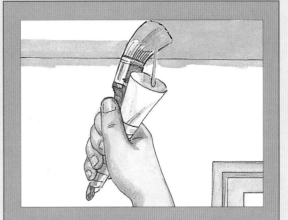

TRUCOS DE PINTOR

• Para evitar que caigan gotas mientras se pinta el techo, sujetar con cinta adhesiva un cucurucho de papel en la brocha.

• Si se suspende temporalmente la pintura, envolver la brocha en papel de aluminio.

• Cuando se ha acabado de pintar, pasar el rodillo sobre papel de periódico para eliminar la mayor cantidad posible de pintura. Lavarlo después en agua tibia.

• Guardar el bote de pintura boca abajo (habiendo cerrado herméticamente la tapa) para evitar que se seque la pintura en la superficie. Para volver a utilizar la pintura, filtrarla con una media, a fin de eliminar impurezas.

Puertas y ventanas

Las puertas y las ventanas de la casa no sólo necesitan una limpieza regular, ya que sufren el roce diario de las manos, sino también unos pequeños cuidados para proteger su parte exterior frente a las inclemencias del tiempo. También hay sencillos trucos para presumir de cristales impecables y quitarles la escarcha, el hielo o el vaho y protegerlos.

● TRUCO 1 ●

Zonas sucias en las puertas

Las partes de las puertas que sufren más roces tardan más en coger suciedad si se lavan con un preparado a base de aceite de linaza y zumo de limón a partes iguales. Se aplica con una esponja y se seca con un paño limpio. Además, se pueden proteger y abrillantar más estas partes frotándolas con el interior de una piel de limón.

● TRUCO 2 ●

Puertas lacadas

Las puertas lacadas de blanco se pueden limpiar sencillamente con jabón en escamas diluido en agua, pero para que tarden más en ensuciarse de nuevo, aplicar una capa muy fina de cera blanca y sacar brillo con un paño.

● TRUCO 3 ●

Pintar los marcos

Al pintar o barnizar los marcos de puertas y ventanas, se puede colocar cinta de pintor alrededor del marco para no manchar la pared. Una vez se haya secado, quitar la cinta con cuidado para no estropear la pintura de la pared.

REFRANES Y CITAS

«Casa con dos puertas, mala es de guardar.»

● TRUCO 4 ●

Cristales apagados

Los cristales, con el paso del tiempo, pueden perder el brillo y quedar opacos. Aplicándoles el siguiente truco se consigue recuperar su brillo y transparencia.

▣ INGREDIENTES

- un paño
- aceite de linaza o aceite de oliva
- papel de seda

▣ APLICACIÓN

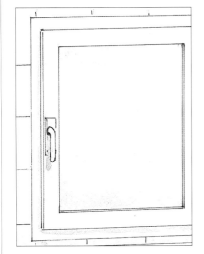

1. Cuando el cristal está muy apagado y sin brillo, humedecer un paño con aceite de linaza o aceite de oliva.

2. Frotar el cristal con el paño humedecido con el aceite y dejar actuar durante una hora.

3. Quitar el aceite frotando el cristal con un papel de seda y luego limpiarlo normalmente.

● TRUCO 5 ●

Quitar el hielo

Los cristales quedan limpios de hielo si se frotan con una gamuza empapada en agua caliente muy salada. En estos casos, hay que frotar fuerte hasta que desaparezca el hielo.

● TRUCO 6 ●

Contra la escarcha

En los lugares fríos, una forma de evitar que los cristales de las ventanas queden cubiertos de escarcha es frotarlos con sal. También se evita si se frota el cristal cuando está seco con un paño humedecido en alcohol.

CONSEJOS DE LA ABUELA...

QUÉ DÍA LIMPIAR

Es mucho mejor limpiar los cristales en un día nublado, ya que es mucho más fácil ver las manchas en ellos. El problema de los días soleados es que los reflejos del sol impiden ver en el cristal las manchas y las lunas que se pueden producir al pasar el trapo.

LOS MUEBLES

Sacar el polvo habitualmente con un plumero
o con una gamuza suave es muchas veces más que
suficiente para conservar los muebles de madera.
Sin embargo, la madera debe nutrirse
periódicamente para que envejezca conservando
el brillo y el color del primer día. Para ello, lo mejor
es tratarla con productos naturales, como el aceite
de linaza o la cera de abeja. Los barnices y los
esmaltes no sólo enmascaran las propiedades
naturales de la madera, sino que pueden provocar
vapores nocivos.

El cuidado de los muebles

Existen unos cuantos trucos que, usando productos naturales, además de limpiar los muebles, los protegen y hacen relucir su madera como si se trataran de muebles recién comprados. Hay que tener en cuenta que cada tipo de madera necesita unos cuidados diferentes para mantenerla siempre limpia y reluciente.

● TRUCO 1 ●

Tiza como detergente

El jabón y los detergentes a menudo acaban por desgastar los muebles barnizados y los lacados en blanco. Por ello, siempre es más aconsejable usar limpiadores elaborados con productos naturales, como la siguiente receta.

CONSEJOS DE LA ABUELA...

MUÑEQUILLAS

Los muebles necesitan de vez en cuando un barnizado o un encerado. Para la aplicación del barniz o la cera, nada mejor que fabricarse uno mismo una muñequilla elaborada con un trozo de algodón en rama (es decir, algodón que todavía no ha sido manufacturado completamente) envuelto en un trapo para que no suelte pelusa.

● TRUCO 2 ●

Leche limpiadora

Este truco, especialmente recomendado para los muebles de nogal, ayuda a conservar la madera impecable. Después de quitar el polvo del mueble, pasar un trapo humedecido en leche. Luego secar y abrillantar con un paño suave.

◘ INGREDIENTES

- tiza
- agua

◘ PREPARACIÓN

- Sacar el polvo del mueble con un paño limpio.
- Amasar la tiza con agua hasta obtener una pasta semilíquida.

◘ APLICACIÓN

1. Humedecer una esponja suave en la pasta elaborada y frotar con ella el mueble.

2. Aclarar con agua tibia. La tiza devolverá al mueble su brillo y su color originales.

● TRUCO 3 ●

Aceite de oliva para las manchas

Esta receta es infalible para eliminar las manchas en los muebles de nogal.

● INGREDIENTES

- aceite de oliva
- sal

● PREPARACIÓN

- Llenar un bol de aceite de oliva.
- Espolvorear con sal.

● APLICACIÓN

- Humedecer un trapo en el aceite salado.
- Frotar la mancha con el trapo siempre en dirección de la veta.
- Dejar actuar durante unos 15 minutos.
- Limpiar y secar con otro paño.

REFRANES Y CITAS

«La verdad, como el aceite,
queda encima siempre.»

● TRUCO 4 ●

Sacar cercos

Los cercos de agua que dejan los vasos en los muebles encerados se eliminan rápidamente frotándolos suavemente con un tapón de corcho untado en aceite de linaza. También sirve una pasta espesa hecha con aceite y ceniza. Después, abrillantar con un paño de lana.

● TRUCO 5 ●

Cambiar los muebles

Cambiar un mueble de sitio en una habitación sin correr el riesgo de rayar el pavimento de baldosas o el parquet y reduciendo sensiblemente el esfuerzo es tan sencillo como poner debajo una manta vieja y tirar de ella con la ayuda de otra persona. Para muebles que tengan patas, sobre todo si no son muy pesados, puede bastar con poner un calcetín de lana viejo en cada pata. Para arrastrar el mueble sobre un suelo de moqueta, utilizar un trozo de madera lacada o formica.

CURIOSIDADES DE LA BOTICA

MUEBLES TAPIZADOS

Los muebles tapizados empezaron a extenderse a partir del siglo XVI y la decoración de la estancia se basaba en conjuntar todos los muebles con el mismo material.

● TRUCO 6 ●

Forrar con periódicos

La parte del armario que coge más polvo es, sin ninguna duda, la superior si es que el armario no llega a ras de techo. Para evitar tenerla que limpiar frecuentemente, sólo hay que forrarla con papeles de periódico o papel de regalo usado. De esta forma, bastará con retirar los papeles periódicamente y colocar otros.

● TRUCO 7 ●

Olor a cuero

El olor que desprende cualquier pieza de cuero recién comprada, sea una prenda de ropa, un bolso o una maleta, se puede impregnar dentro del armario durante días. Se puede hacer desaparecer si se meten estas piezas unos cuantos días en una bolsa de plástico en la que se han introducido varios granos de café.

● TRUCO 8 ●

Olores del zapatero

Los zapateros no son, precisamente, los lugares más perfumados de la casa. Un excelente remedio casero contra el mal olor, por más penetrante que sea, es introducir en el zapatero un cuenco con varios trozos de carbón vegetal. El mal olor desaparecerá en pocas horas.

● TRUCO 9 ●

Tiza antihumedad

En las habitaciones muy húmedas es muy fácil que incluso dentro de los armarios aparezcan manchas de moho. Para disminuir los efectos de la humedad, colocar unas cuantas barritas de tiza atadas en la barra del armario, ya que la tiza es un excelente absorbente de la humedad.

REFRANES Y CITAS

«Haciendo y deshaciendo,
se va aprendiendo.»

CONSEJOS DE LA ABUELA...

MALETAS SIN HUMEDADES

Para guardar las maletas
en el armario y no preocuparse
de que cojan humedad, antes
de guardarlas se pueden limpiar
con agua y vinagre y dejarlas secar
al aire libre. Las de cuero se frotan
con una mezcla de dos partes
de aceite de linaza y una parte
de esencia de trementina.

Encerar los muebles

No sólo hay que mantener limpios los muebles para que luzcan, sino que además necesitan que de vez en cuando se les aplique una buena cera para que su madera quede bien nutrida. Hay una gran variedad de aceites y otros productos naturales que resultan excelentes nutrientes para la mayor parte de las maderas y, además, constituyen una buena protección para ellos.

❧

● TRUCO 1 ●

Encerar con cerveza

La madera de los muebles, sobre todo si éstos están colocados en un lugar donde les toca el sol directo, va perdiendo color. Además, el uso y el paso del tiempo van produciendo en los muebles un aspecto de envejecimiento al quedar éstos descoloridos. La siguiente receta tiene como objetivo hacer revivir los colores de los muebles, especialmente los de roble.

 INGREDIENTES

- 2/3 partes de cerveza
- 1/3 parte de cera de abeja
- 2 cucharadas de azúcar

PREPARACIÓN

- Verter los ingredientes en un recipiente y mezclarlos bien.
- Poner el recipiente al fuego y llevar a ebullición.
- Dejar enfriar el preparado. Cuando la cera esté tibia, verterla en un frasco de vidrio.

APLICACIÓN

- Extender la cera muy dispersa sobre el mueble con una brocha plana.
- Dejar secar.
- Abrillantar con una gamuza, frotando siempre en la dirección de la veta.

● TRUCO 2 ●

Muebles de teca

De vez en cuando, proteger los muebles de teca con una capa fina de aceite de oliva, aplicada con un estropajo de acero extrafino. Dejar actuar durante toda una noche y, a la mañana siguiente, abrillantar con un paño.

CONSEJOS DE LA ABUELA...

MUEBLES OSCUROS

Se puede recuperar el brillo que han perdido los muebles oscuros si se frotan con una mezcla de aceite vegetal y unas gotas de vino tinto.

● TRUCO 3 ●

Pulimento para muebles

Con la sencilla elaboración de la siguiente receta se puede conseguir un pulimento para conservar los muebles como el primer día.

▣ INGREDIENTES

- 1/3 de vinagre
- 1/3 de aguarrás
- 1/3 de aceite de linaza

▣ PREPARACIÓN

Mezclar bien todos los ingredientes.

▣ APLICACIÓN

- Usar como cualquier otro reparador de muebles.
- Frotar con un paño suave, hasta que el pulimento esté casi seco.
- Acabar de secar y abrillantar con otro paño.

● TRUCO 4 ●

Aceite y sal

Los muebles conservarán durante mucho más tiempo el brillo natural de la madera sólo con un paño o un tra ligeramente humedecido en aceite vegetal previamente espolvoreado con una pizca de sal fina.

● TRUCO 5 ●

Muebles de bambú

Los muebles de bambú son muy ligeros y aportan naturalidad al ambiente. Son ideales para decorar exteriores cubiertos, ya que el bambú es una fibra natural algo delicada. Pero presentan la ventaja de que se limpian muy fácilmente con agua salada. Mezclar por cada 2 litros de agua 1 cucharada de sal. Frotar el mueble con un cepillo de cerdas duras mojado en la mezcla y dejar secar.

REFRANES Y CITAS

«Huevo sin sal, no hace bien ni mal.»

CURIOSIDADES DE LA BOTICA

ENVEJECER MUEBLES

Si lo que se desea es dar un aspecto de antigüedad al taquillón o la cómoda adquiridos en un mercado de ocasión, aplicarle una capa de betún de Judea, un betún natural negro, y dejar secar.

Pequeños problemas

Los muebles, aunque se mantengan limpios y se cuiden con las ceras más apropiadas, con el uso cotidiano y el paso del tiempo sufren algunos desperfectos que, si no son muy grandes, se pueden solucionar con unos pequeños y sencillos trucos. Patas que cojean, grietas, astillas o golpes son algunos de los problemas más frecuentes que no comportan demasiada dificultad para solucionarlos.

● TRUCO 1 ●

Mueble agrietado

Si un objeto ha caído sobre un mueble de madera y le ha provocado una pequeña grieta, no hay que alarmarse. Es muy fácil recuperar su aspecto original con esta sencilla operación.

◘ APLICACIÓN

1. Colocar encima de la grieta un trozo de tela de algodón empapado en agua, doblado 3 o 4 veces.

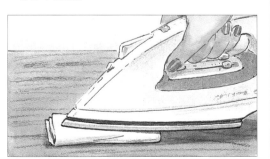

2. Aplicar la punta de la plancha muy caliente, para que el vapor hinche la madera. Repetir la operación hasta que la grieta desaparezca. Después, si hace falta, teñir, y encerar.

● TRUCO 2 ●

Pequeños golpes

Las pequeñas hendiduras en los muebles de madera se pueden tapar con una pasta elaborada con serrín y cola blanca. Según el color de la madera, agregar nogalina, un tinte que se puede preparar en casa echando dos cucharaditas de café en medio litro de agua a punto de hervir. Mezclar bien y dejar reposar. El color se puede oscurecer o aclarar echando más o menos café.

● TRUCO 3 ●

Grandes golpes

Los desperfectos más importantes se solucionan tapándolos con masilla y después tiñendo la reparación del color de la madera. Si el mueble es oscuro, se puede elaborar una pasta de masilla y café instantáneo, con lo que ya no hará falta teñir el mueble. Después, dejar secar.

● TRUCO 4 ●

Antipolilla natural

Un remedio muy eficaz para eliminar de los muebles las polillas es colocar dentro un antipolillas. Los que se fabrican en casa con productos naturales son los más idóneos, puesto que, además de eficaces, son inocuos.

● PREPARACIÓN

1. Cortar a tiras una piel de naranja, a la que previamente se le ha quitado su parte interior blanca, con un cuchillo de pelar patatas, para que queden láminas finas.

2. Envolver las tiras en papel de seda.

3. Colocar las bolsitas en sitios estratégicos: junto a la ropa colgada, en los estantes, en los cajones, etc.

● TRUCO 5 ●

Disimular arañazos

Los antiestéticos arañazos en los muebles de nogal se eliminan con una simple nuez. Escoger una nuez verde, pelarla y cortarla por la mitad. Frotar el arañazo con la parte del corte. También desaparecen si se frotan con una mezcla a partes iguales de aceite y vinagre. Pero si son pequeños, se pueden disimular frotándolos con un diente de ajo.

● TRUCO 6 ●

Mueble astillado

Un golpe fortuito puede levantar una astilla en un mueble. Si es pequeña, lijar con una lija fina y después aplicar una ligera capa de cera incolora. Si la astilla es grande, hay que limpiarla bien y pegarla con cola de carpintero o bien con el siguiente «pegamento» natural: harina amasada con agua y espolvoreada con azúcar. Sujetar la astilla con cinta adhesiva hasta que se pegue o poner un peso encima.

REFRANES Y CITAS

«No es oro todo lo que reluce, ni harina todo lo que blanquea.»

● TRUCO 7 ●

Muebles de mimbre

Las butacas y los sillones de mimbre suelen perder su color natural debido al uso cotidiano y aún más si se trata de muebles de terraza que están expuestos al sol. Para que recuperen su color natural y tarden más en coger suciedad, la mejor solución es frotarlos con un cepillo humedecido en agua salada.

● TRUCO 8 ●

A la pata coja

Una mesa o un mueble con patas que cojea asienta mucho mejor si se clava una cuña de madera aserrada al tamaño de la pata que si se pone un taco de plástico o un papel doblado. También se puede utilizar un retal de corcho.

●TRUCO 10●

Asiento que ha cedido

Si el asiento de una silla se ha desfondado, poner la silla boca abajo y clavar con tachuelas de tapicero varias cinchas de unos 10 centímetros de anchura entrecruzadas y bien tirantes.

● TRUCO 9 ●

Sillas desfondadas

Es muy fácil reparar una silla o una butaca de mimbre o rejilla que ha cedido. Para volverla a tensar, sólo hay que poner debajo del asiento una olla con agua hirviendo.

CONSEJOS DE LA ABUELA...

PROTEGER LAS PATAS

Cuando las patas de sillas y mesas están ya muy deterioradas, se pueden recuperar tiñéndolas con nogalina para devolverles el color. Para protegerlas de más deterioros, una vez seca la nogalina, aplicar cera de abeja ligeramente diluida en alcohol de quemar con un cepillo de dientes viejo para llegar a todos los rincones.

REFRANES Y CITAS

«El que no cojea, renquea.»

ALMACENAJE Y ORDEN

No sólo hay que hacer del hogar un lugar cómodo y acogedor, sino que también hay que conseguir que sea práctico y funcional. Almacenar la ropa en el armario y la comida en la despensa de una manera ordenada ahorra una gran cantidad de sitio, tan necesario en los reducidos espacios que ofrecen hoy en día las habitaciones de las nuevas construcciones; además, organizarlo todo adecuadamente y mantenerlo siempre en el mismo lugar ahorra mucho tiempo.

EL ARMARIO

En el armario de la habitación se deberían guardar solamente aquellas prendas que se utilizan a diario. Las de fuera de temporada o las que se usan sólo en ocasiones es mejor guardarlas en otro armario de la casa, pero si no se puede hacer, lo mejor es dividir el armario y clasificar la ropa en los diferentes compartimentos.

Los estantes

La ropa plegada puede ir perfectamente en los estantes. Si se trata de ropa de uso diario, es mejor colocarla en los estantes de media altura. Los estantes más altos servirán para guardar las mantas, las maletas o las prendas que se usan menos.

Los cajones

Las prendas pequeñas y las más delicadas se pueden disponer dentro de los cajones del armario. Si se puede elegir, es mejor que los cajones no lleguen hasta el suelo, porque luego hay que agacharse mucho y cuesta manipular su contenido con delicadeza.

El zapatero

Si el zapatero está dentro del armario, hay que procurar que esté situado en la zona inferior y que disponga de un sistema de cierre para evitar los malos olores.

armarios de la cocina, donde, además, estos electrodomésticos soportan temperaturas más altas.

Fruta y verdura

Distribuir la verdura que no va al frigorífico o la fruta en invierno en los clásicos verduleros es la mejor forma de que estos alimentos duren un poco más, ya que en este tipo de cajones se airean continuamente.

LA DESPENSA

El lugar ideal para colocar la despensa es cerca de la cocina, para no tener que desplazarse mucho mientras se trabaja en ella, en una zona sin luz natural. Planificar la distribución de los alimentos y los objetos de la cocina en los estantes ayuda a aprovechar el espacio. Lo mejor es colocar las botellas y los envases pesados en la parte inferior, los alimentos en el medio, y los utensilios en los estantes de arriba.

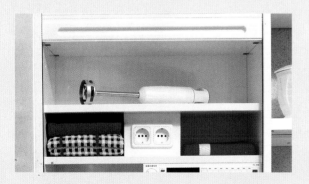

Pequeños electrodomésticos

Dejar un espacio en los estantes de media altura para colocar los pequeños electrodomésticos es una buena manera de aprovechar mejor el espacio, ya que así se evita tenerlos que guardar dentro de los

ACCESORIOS COMPLEMENTARIOS

Tanto en los armarios para la ropa como en la despensa se pueden añadir algunos complementos que ayudarán a distribuir mejor el espacio. Así, en los armarios roperos se pueden colocar corbateros por la parte interior de la puerta, barras para colgar los cinturones o pantaloneros en los que se cuelgan unos cuantos pantalones en poco espacio.

En la despensa siempre se pueden colocar especieros en cualquier pared o barras para colgar los trapos y los delantales detrás de la puerta.

Sofás y sillones

Las tapicerías suelen ser difíciles de limpiar, pues sobre todo en los sofás y los sillones el polvo se deposita en los rincones menos accesibles. Además, están muy expuestas a mancharse o a decolorarse por el uso diario. A los sofás y a los sillones no sólo hay que prestarles atención para quitarles el polvo y eliminar posibles manchas o desperfectos en la tapicería: también hay que vigilar si se desfondan.

● TRUCO 1 ●

Tresillos de tela

Para que los sillones y los sofás de tela aparezcan siempre como nuevos, aplicar esta sencilla y tradicional receta.

◘ INGREDIENTES

- tiza
- leche

◘ APLICACIÓN

1. Quitar el polvo del sillón o el sofá con el aspirador, levantando los cojines para llegar a todos los rincones.

2. Amasar la tiza con la leche, hasta formar una pasta ligeramente espesa. Humedecer un cepillo viejo de la ropa en la pasta.

3. Frotar enérgicamente la tela con el cepillo. Dejar secar y, cuando esté completamente seco, cepillar para eliminar los restos.

● TRUCO 2 ●

Para limpiar los brazos gastados

En las tapicerías de tela, los brazos son las zonas que con más rapidez se desgastan y ensucian. Frotar con un paño mojado en sal ligeramente humedecida es un buen remedio para quitar el polvo y devolver el color a los brazos. Una vez aplicada, dejar la sal sobre la zona descolorida durante una $^1/_2$ hora. Retirarla después frotando el brazo con un cepillo de cerdas suaves.

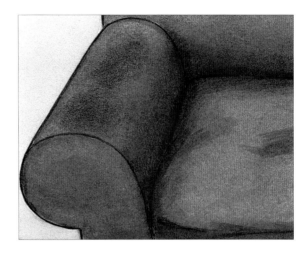

CONSEJOS DE LA ABUELA...

MANCHAS EN LA TELA

Las manchas de grasa de las tapicerías de tela se eliminan frotando la mancha con una papilla espesa, hecha con bicarbonato ligeramente diluido en alcohol. Dejar reposar y cepillar a continuación.

CUERO CLARO

En sofás y sillones de cuero claro, hacer una mezcla a partes iguales de glicerina y alcohol. Aplicar suavemente con un paño.

LAS FUNDAS DEL SOFÁ

Actualmente muchos sofás poseen una funda fácilmente extraíble, que puede lavarse en la lavadora. Es recomendable, en esos casos, cerrar siempre las cremalleras y los cierres antes de lavarla para que no arañen la tela. No hay que olvidar que siempre debe utilizarse agua fría para lavar las fundas.

● TRUCO 3 ●

Nutrir la piel

La clara de huevo es excelente para nutrir y conservar los sillones y los sofás de piel con toda su elegancia. Echar la clara en un bol y batir ligeramente. Humedecer un paño y pasar suavemente por la piel. Dejar secar unos instantes. Sacar brillo con un paño limpio y seco.

CURIOSIDADES DE LA BOTICA

TRATAMIENTO DE BELLEZA

Es curioso comprobar que a las tapicerías de piel, como a las personas, les sientan bien los cosméticos. Una buena manera de limpiar los sofás de piel es aplicarles crema limpiadora de la cara.

LAS MANCHAS

Una mancha en cualquier pieza de ropa acabada de comprar o recién estrenada puede parecer una auténtica tragedia..., pero no pasará de ser un pequeño incidente si se conocen algunos sencillos trucos para eliminarla. De cualquier modo, uno de los principales secretos para tratar con éxito las manchas es actuar sobre ellas de inmediato o tan pronto como sea posible: las manchas que se dejan secar son mucho más difíciles de quitar.

Trucos básicos para las manchas

Antes de intentar eliminar una mancha, es importante tener en cuenta el material sobre el que ha caído y de qué mancha se trata. Los procedimientos que se han de seguir para eliminarla serán muy diferentes según si el material es algodón, lana o seda, o si la mancha es de tomate, tinta o barro.

● TRUCO 1 ●

Tratamiento general

Por regla general, cuando se ha manchado una prenda de ropa, lo mejor es ponerla inmediatamente en remojo. Pero si no se puede hacer en ese momento, se puede frotar la mancha con una esponja empapada en agua fría. Jamás hay que remojar ni frotar con agua caliente. Para que no quede ni rastro de la mancha, limpiarla con alcohol antes de meter la prenda en la lavadora.

● TRUCO 3 ●

Prendas de lana

Para obtener los mejores resultados en el lavado de las prendas de lana, antes de lavarlas se cepillan bien y se ponen en remojo en agua fría, en la que previamente se ha espolvoreado un puñado de sal y se ha vertido un chorro de vinagre.

● TRUCO 4 ●

Prendas de piel

Las prendas de piel tienden a acartonarse al lavarlas. Para evitarlo, ponerlas en remojo de vez en cuando en un baño de 2 cucharadas de aceite de oliva y 4 litros de agua. Mojar bien la pieza y no aclarar.

● TRUCO 2 ●

Prendas de color

Cuando se ha producido una mancha en una prenda de color, si es pequeña es recomendable que se trate exclusivamente la zona manchada para que no se decoloree toda la pieza. Sin embargo, si la mancha es muy grande o hay numerosas manchas, será mucho más eficaz dejar la prenda en remojo antes de meterla en la lavadora.

CURIOSIDADES DE LA BOTICA

Un jersey de lana que se ha encogido se puede recuperar si se deja en remojo durante 24 horas en agua con suavizante en una proporción de 1 litro y medio de suavizante por cada cuarto de litro de agua.

Manchas de bebida

Las manchas que producen las bebidas son muy frecuentes, ya que es muy fácil que los líquidos se derramen del vaso o la botella. Las manchas más habituales son las de vino, café o cerveza, que son productos fuertes que al derramarse provocan unas manchas muy resistentes. Pero existen unos cuantos trucos muy sencillos para deshacerse de ellas sin la menor dificultad.

● TRUCO 1 ●

Manchas de vino

Eliminar las manchas de vino en la ropa no cuesta nada si se les echa inmediatamente sal encima y luego se lava la prenda con agua tibia. En el caso que se trate de una pieza de un tejido no lavable, espolvorear la mancha con sal y después frotarla con jabón y zumo de limón sin diluir.

Si el vino se ha derramado por el mantel, después de espolvorear la mancha con sal y dejarla actuar, lavar el mantel sólo con agua. Luego ponerlo en remojo con suero de leche durante 6 horas y volverlo a lavar.

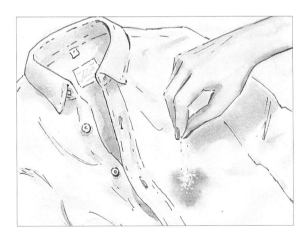

REFRANES Y CITAS

«El vino por el color, y el pan por el olor, y todo por el sabor.»

● TRUCO 2 ●

Manchas de café

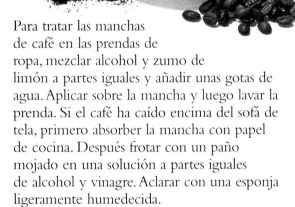

Para tratar las manchas de café en las prendas de ropa, mezclar alcohol y zumo de limón a partes iguales y añadir unas gotas de agua. Aplicar sobre la mancha y luego lavar la prenda. Si el café ha caído encima del sofá de tela, primero absorber la mancha con papel de cocina. Después frotar con un paño mojado en una solución a partes iguales de alcohol y vinagre. Aclarar con una esponja ligeramente humedecida.

● TRUCO 3 ●

Manchas de cerveza

¿A quién no le ha ocurrido que alguien le haya dado un golpe en el brazo mientras sostenía una jarra de cerveza? Si esto pasa y la cerveza se derrama encima de la ropa, empapar la punta de un paño en alcohol y frotar la mancha suavemente. Después pasar otro paño humedecido en agua fría. Si también se derrama por la tapicería, frotar suavemente la mancha con una esponja impregnada en vinagre blanco diluido en agua tibia. Enjuagar y aclarar con un paño limpio.

Manchas de comida

A la hora de comer es fácil que la ropa o el mantel se ensucie con alguna gota o un trozo de comida, especialmente si hay niños. Para que las manchas no queden incrustadas, hay que actuar rápidamente y aplicar unos sencillos consejos para cada tipo de mancha y material.

● TRUCO 1 ●

Manchas de fruta antiguas

Es mejor que las manchas de fruta se limpien enseguida; pero por si algún motivo o un despiste no se ha podido hacer, aplicar el siguiente truco para olvidarse de la mancha para siempre.

■ INGREDIENTES

- sal
- detergente habitual

■ APLICACIÓN

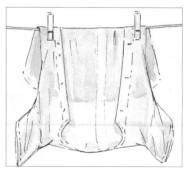

1. Cubrir la mancha de fruta con sal y dejar actuar durante ½ hora.

2. Lavar la prenda a mano con el detergente habitual.

3. Dejar secar al sol. Si la prenda es de color, tenderla al revés.

● TRUCO 2 ●

Manchas de fruta recientes

Las frutas dejan un cerco de color muy difícil de quitar. Por ello, es importante actuar cuando la mancha es reciente. Para eliminarla, poner la prenda bajo un chorro de agua fría. Después frotar el cerco con un paño humedecido en alcohol de quemar. Si la prenda es delicada, humedecer con esencia de vinagre y después lavar con agua tibia y jabón.

● TRUCO 3 ●

Salsa de tomate

Muchas recetas de cocina llevan como condimento básico la salsa de tomate, con lo que es fácil que las manchas de tomate sean las más habituales de todas. Si la mancha de salsa es reciente, poner de inmediato la prenda bajo el grifo del agua fría, mientras se frota la mancha con los dedos. Después lavar la pieza normalmente, según el tipo de tejido.

Manchas de caramelo

Las manchas de caramelo en la ropa se quitan simplemente con agua fría. Frotar bien y luego lavar la prenda de la forma habitual. Si el caramelo ha dejado una mancha coloreada, se puede decolorar con la mezcla de agua oxigenada y agua a partes iguales.

Manchas de chocolate

Las manchas de chocolate son las más habituales cuando en la casa hay niños. Como se derrite muy rápidamente, si no se pone mucho cuidado al comerlo, la mancha está asegurada. Pero con el siguiente procedimiento, es muy fácil eliminarla.

◘ INGREDIENTES

- un cuchillo
- un recipiente
- bórax
- agua caliente

◘ APLICACIÓN

1. Quitar el máximo de chocolate posible rascando con cuidado con un cuchillo sin punta.

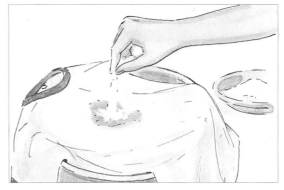

2. Poner la parte de la prenda manchada sobre el recipiente y cubrir la mancha con bórax.

3. Verter agua caliente en la mancha, de fuera a adentro.

4. Lavar de la manera habitual en la lavadora.

Manchas químicas

En este apartado se incluyen las manchas producidas por la pintura, el óxido, la tinta, el rotulador o la grasa. Resultan las manchas más difíciles de quitar, pues los productos que las provocan son muy fuertes y, además de quedar pronto incrustadas, como en el caso del óxido, se extienden con una gran rapidez manchando todo lo que encuentran en su camino, como hace la tinta.

● TRUCO 1 ●

Óxido en la ropa blanca

Si en la ropa blanca ha aparecido una mancha de óxido, siguiendo el siguiente truco se puede eliminar. Si aun con este procedimiento la mancha se resiste, frotarla con el zumo de un tomate muy maduro y secar la prenda al sol.

▣ INGREDIENTES

- zumo de limón
- sal
- una olla con agua hirviendo

▣ APLICACIÓN

1. Salpicar la mancha de óxido con zumo de limón con sal.

2. Colocar la prenda sobre la olla con agua hirviendo hasta que se empape con el vapor.

3. Finalmente, lavar la prenda como es habitual en la lavadora.

● TRUCO 2 ●

Manchas de pintura

Las manchas de pintura acrílica que han caído sobre una prenda se absorben primero con servilletas de papel o con algodón en rama. Después lavar la pieza con agua y jabón. Si las manchas son de pintura de base oleosa, frotar la mancha con alcohol y luego aclarar con agua fría. Finalmente, lavar la prenda de la forma acostumbrada.

CONSEJOS DE LA ABUELA...

CONSERVAR LOS COLORES

Si se quiere conservar el color de las prendas de lana, antes de lavarlas frotarlas con un paño bien escurrido empapado en vinagre.

Tomate para la tinta

El tomate es un excelente quitamanchas natural. Sólo hay que seguir este sencillísimo truco para olvidarse de las manchas de tinta.

◘ INGREDIENTES

- ½ tomate

◘ APLICACIÓN

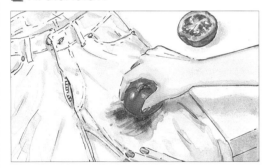

1. Frotar la mancha de tinta con ½ tomate.

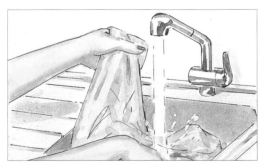

2. Aclarar abundantemente y lavar la prenda.

Manchas de tinta

Cuando se ha manchado una camisa o un jersey de tinta, verter leche sobre la mancha lo más rápidamente posible, dejarla actuar durante unos minutos y aclarar con agua tibia. Otra manera de usar leche contra la tinta es introducir la prenda manchada en una olla con leche hirviendo y luego lavarla con agua caliente jabonosa.

También se puede colocar un trapo empapado con leche encima de la mancha para que absorba la tinta.

Manchas de tinta recientes

Las manchas de tinta recientes se quitan con sal, que absorbe la tinta. Eliminar la sal cuando esté coloreada y repetir la operación. Cuando la sal haya absorbido toda la tinta, limpiar los restos con alcohol de quemar.

CURIOSIDADES DE LA BOTICA

TRAZOS DE BOLÍGRAFO O ROTULADOR

Borrar los pequeños trazos de bolígrafo o rotulador en la ropa cuesta muy poco con la punta de un paño humedecida en zumo de limón sin diluir.

Manchas de rotulador

Espolvorear inmediatamente con polvos de talco para que no se extienda. Dejar actuar y frotar los polvos de talco la mancha del rotulador. Después humedecer la mancha por detrás y empaparla por el derecho con alcohol. Lavar la prenda como es habitual.

OBJETOS DECORATIVOS

En general, en un hogar hay una gran multitud de objetos decorativos fabricados con los materiales más diversos. Plata, porcelana, metal, latón o cobre, nácar o bronce son los materiales más comunes en este tipo de objetos, y cada uno requiere unos cuidados específicos. Entre ellos, sin embargo, los más habituales son los de metal, que se manchan con relativa facilidad, o los de porcelana, que tienen el inconveniente de que se pueden romper.

OBJETOS DE NÁCAR

Botones, estuches y una infinidad de objetos de marquetería son objetos que pueden estar elaborados con nácar, una substancia natural brillante que produce unos reflejos muy característicos. Pero estas piezas van perdiendo el brillo y los reflejos con el paso del tiempo y la acumulación de polvo. Para que recuperen su aspecto original, basta con lavarlas en agua salada y después aplicarles una capa fina de aceite de oliva.

PROTEGER EL METAL

Para evitar disgustos, es mejor proteger los objetos metálicos antes de que se estropeen. Primero, retirar el barniz del objeto con un algodón mojado en acetona. Después limpiar bien la pieza y pulirla con un paño. Proteger el objeto aplicando una capa de barniz para metales con un pincel. Dejar secar.

PIEZAS DE METAL

Hay numerosos objetos y figuras de metal, pero a menudo el metal se encuentra en el conjunto de una pieza de cristal, porcelana u otro material en forma de asidero, tapa o como pie. Los metales se manchan fácilmente y pierden el brillo. Pero hacerles recuperar su aspecto original no cuesta tanto si se les aplica este truco a la hora de limpiarlos.

APLICACIÓN

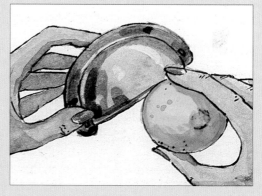

1. Frotar el objeto de metal con 1/2 limón al que se le ha espolvoreado previamente una pizca de sal. Después, aclarar con agua.

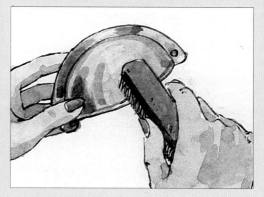

2. Si las manchas son muy resistentes, frotarlas con un cepillo de cerdas de acero fino, con sumo cuidado para no rayar el objeto.

3. Limpiar el objeto metálico con un limpiador de metales. Aplicar en seco y luego retirar con un paño limpio de algodón.

OBJETOS DE LATÓN O COBRE

El latón y el cobre son materiales muy resistentes, pero pierden su brillo original con relativa facilidad. Una manera muy eficaz de limpiar este tipo de objetos es frotarlos con un paño humedecido en zumo de limón, y después aclararlos con agua con gas. Luego, para sacar el brillo más espectacular, se puede preparar una pasta espesa de sal humedecida con vinagre y frotar el objeto enérgicamente con esta pasta. Después, secar con un paño limpio. También se puede resaltar el brillo de estas piezas si se frotan con $1/2$ cebolla.

OBJETOS DE BRONCE

El bronce es uno de los materiales más comunes en el gran surtido de objetos decorativos que hay en el mercado. Para poder presumir de un dorado reluciente y brillante de las piezas de bronce y sacarles el máximo partido, sumergirlas en un baño de vino tinto caliente. Dejar secar y después abrillantar con un paño.

OBJETOS DE ACERO INOXIDABLE

El acero inoxidable es un material que no sólo sirve para elaborar cacharros de cocina, sino que también es muy usual en la creación de objetos decorativos. Para mantener el brillo de estas piezas, se les puede aplicar una pasta preparada con hollín y aceite de oliva. Frotar el objeto enérgicamente con esta pasta y luego abrillantar con un paño de lana o de franela.

PIEZAS DE PORCELANA

¿A quién no se le ha roto un jarrón de porcelana al pasar cerca de él? ¿Quién no ha tenido un gran disgusto al romper una figura de porcelana sacando el polvo del mueble? Reparar una pieza de porcelana necesita un poco de habilidad y paciencia y seguir los siguientes pasos.

Si la pieza se ha caído y se ha roto en unos cuantos trozos, se necesitará recomponerla con un poco de tiempo, y he aquí unos trucos para volver a disfrutar de esa pieza que tanto agradaba.

APLICACIÓN

1. Limpiar todos los trozos con un bastoncillo mojado en agua y jabón.

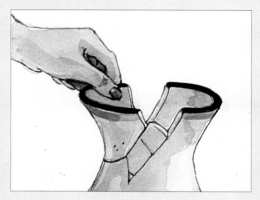

2. Si se desea, pegar primero los trozos pequeños entre sí para formar trozos más grandes. Dejarlos secar y luego pegarlos sobre la pieza.

3. Retirar el exceso de pegamento cuando aún no esté seco. Una vez colocados todos los trozos, enganchar tiras adhesivas en ellos para inmovilizarlos. Esperar un día a que el conjunto se seque.

Manchas naturales

El moho, el agua, el barro o la sangre son elementos con los que es muy fácil ensuciarse la ropa. Sin embargo, cada uno de ellos necesita un remedio diferente para eliminar con facilidad la mancha que pueda producir.

ஓ.௬

● TRUCO 1 ●

Marcas de agua

Las aguas muy duras suelen dejar marcas en la ropa, pero siguiendo el siguiente procedimiento se pueden eliminar fácilmente.

◘ PREPARACIÓN

• Llenar un recipiente con agua.
• Poner el recipiente al fuego y llevar a ebullición.

◘ APLICACIÓN

1. Sostener la zona de la prenda con las marcas de agua sobre el vapor, con cuidado de no quemarse.

2. Retirar la prenda y pasar por la zona manchada la punta de un paño, frotando desde el borde hacia el centro de la marca.

● TRUCO 2 ●

Marcas de moho

Es fácil que una prenda de ropa tenga manchas de moho si ha estado guardada en algún lugar con mucha humedad. Para quitarlas, humedecer las manchas y después cubrir con una mezcla de tiza en polvo y jabón en escamas. Dejar actuar y lavar normalmente.

● TRUCO 3 ●

Orín en la ropa

En las casas donde viven niños o personas muy mayores, es muy habitual encontrarse con ropa manchada de orín. Para quitar estas marcas de orin, verter agua fría sobre la mancha y lavar la prenda inmediatamente. Si se trata de manchas secas, poner la prenda en remojo con detergente, y luego lavar normalmente. En caso de que la mancha persista, remojar en una mezcla de una parte de agua oxigenada y cuatro partes de agua, y volver a lavar.

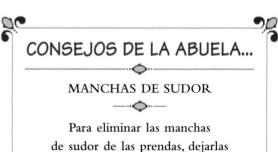

CONSEJOS DE LA ABUELA...

◈

MANCHAS DE SUDOR

◈

Para eliminar las manchas de sudor de las prendas, dejarlas en remojo en agua con vinagre antes de lavarlas.

● TRUCO 4 ●

Barro en una prenda de lana

Si se ha manchado una prenda de lana de barro, una manera fácil de sacarlo es siguiendo el procedimiento que se explica a continuación.

■ INGREDIENTES

- yema de huevo
- alcohol

■ APLICACIÓN

1. Embadurnar la mancha de barro con yema de huevo.

2. Enjuagar la prenda abundantemente.

3. Si quedan, eliminar los cercos con alcohol.

● TRUCO 5 ●

Manchas de sangre recientes

Si estas manchas se tratan inmediatamente, antes de que penetren en el tejido, el resultado es perfecto. Con la siguiente receta no queda ni rastro de sangre.

■ INGREDIENTES

- 1 parte de bicarbonato
- 3 partes de agua

■ APLICACIÓN

- Poner la prenda en remojo en la solución bien diluida de agua con bicarbonato durante 1/2 hora.
- Lavar con detergente biológico.

REFRANES Y CITAS

«Sal quiere el huevo
y gracia para comerlo.»

CONSEJOS DE LA ABUELA...

AGUA Y VINAGRE

Si la mancha de sangre
se ha secado, se puede eliminar
frotándola con un paño
humedecido en agua con vinagre.
Se puede decolorar previamente
vertiendo un chorro de agua
oxigenada.

● TRUCO 6 ●

Manchas de hierba antiguas

Las manchas de hierba antiguas se quitan echando sobre ellas un chorro de alcohol diluido en agua caliente. Aclarar después abundantemente con agua fría. Luego lavar la prenda del modo habitual, según el tipo de tejido.

● TRUCO 7 ●

Ablandar la mancha de hierba

Un sencillo remedio para ablandar las manchas de hierba secas es preparar un quitamanchas casero mezclando a partes iguales glicerina y clara de huevo. Batir los dos ingredientes bien y aplicar sobre la mancha. Dejar actuar y después aclarar bien y lavar la prenda normalmente.

● TRUCO 8 ●

Manchas de hierba recientes

Las manchas de hierba recientes en la ropa se pueden eliminar si se frota inmediatamente la mancha con los dedos bajo el grifo del agua caliente. Después se lava la prenda de la forma habitual.

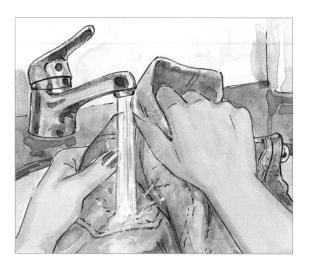

CONSEJOS DE LA ABUELA...

BARRO EN LA ROPA

Cepillar la mancha en seco
es la mejor solución para sacar
el barro sin esfuerzo. Después lavar
la prenda con agua tibia y detergente.
Si la mancha persiste, impregnarla con
limón y sal. Dejar secar y aclarar.

REFRANES Y CITAS

«La hierba mala presto crece
y antes de tiempo envejece.»

Otras manchas

Manchas muy habituales en la ropa como las que producen los cosméticos, manchas que se dan en raras ocasiones, como es el caso de las manchas de hollín, o las que aparecen cuando la prenda se quema o cae cera en ella también son fáciles de eliminar con remedios caseros.

● TRUCO 1 ●

Manchas de hollín

Al limpiar la chimenea, no es nada raro mancharse la ropa de hollín. No se deben quitar estas manchas con agua, sino echando sal sobre la mancha, esperar un rato y cepillar enérgicamente.

● TRUCO 3 ●

Marcas de chamuscado

Las señales de quemaduras en la ropa desaparecen si se frotan con $1/2$ cebolla. Para una prenda de lana que se haya chamuscado ligeramente, echar un chorro de zumo de limón sobre la señal y aclarar con agua.
Otro remedio para quitar la marca de chamuscado es frotar enseguida la mancha con un paño humedecido en vinagre diluido en agua. Otra manera fácil es echar un chorro de limón sobre la señal de la quemadura, dejar actuar y lavar después la prenda normalmente.
También se consiguen eliminar humedeciendo la mancha con agua, echar sal y dejar secar al sol.

● TRUCO 2 ●

Cosmético en la ropa

Las manchas de carmín desaparecen si se frotan con alcohol de 90º.
Los restos de maquillaje se pueden eliminar si se frotan con la punta de un paño humedecida en bórax diluido en agua fría. Después, aclarar la prenda.
El esmalte de uñas se quita aplicando un poco de quitaesmalte con un algodón.

● TRUCO 4 ●

Manchas de licor

Las manchas recientes de licor se eliminan lavando la prenda inmediatamente en agua fría. Si la mancha es antigua, dejar la prenda en remojo en agua oxigenada durante $1/2$ hora.

EL CUIDADO DE LA ROPA

Prolongar la vida de las prendas de ropa depende, muchas veces, de que se sigan las instrucciones del fabricante en cuanto a la forma de lavado, planchado y secado, sobre todo con los tejidos que requieren tratamientos especiales. Pero también es importante el uso que se les dé y tener en cuenta determinados cuidados, como cepillar algunas prendas antes de guardarlas, colgarlas correctamente o aplicar ciertos trucos para conservar algunos tejidos.

El lavado

Para conocer el tipo de lavado que necesita, leer siempre la etiqueta del fabricante antes de lavar una prenda de ropa nueva: en especial la temperatura máxima, la clase de centrifugado y si se debe lavar a mano o si se puede meter en la lavadora. En general, es muy aconsejable clasificar las prendas para lavarlas con los cuidados que necesitan. Así, se debería hacer una colada de ropa blanca, una de ropa de color y otra de ropa delicada, ya que cada tipo de prenda requiere un tratamiento diferente.

● TRUCO 1 ●

Puños y cuellos

Se pueden tener los puños y los cuellos de las camisas y las blusas siempre impecables si antes de lavarlas se les aplica un poco de bórax con un paño. Luego, frotar estas zonas con jabón en pastilla y dejar actuar 1/2 hora. Finalmente, lavar la prenda de la forma habitual.

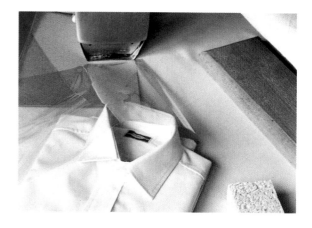

● TRUCO 2 ●

Visillos amarillentos

Con el paso del tiempo, es muy común que los visillos blancos vayan quedando amarillentos. Recuperar su blancura original cuesta muy poco si se ponen en remojo en el siguiente preparado.

 INGREDIENTES

- 2 litros de agua
- 3 limones
- un puñado de sal

PREPARACIÓN

- Pelar los limones y cortarlos en finas rodajas.
- Echar las rodajas de limón en un recipiente con el agua.
- Espolvorear el preparado con sal.

APLICACIÓN

- Dejar los visillos en remojo en la solución durante unas 24 horas.
- Después lavar de la forma habitual.

● TRUCO 3 ●

Tejanos nuevos

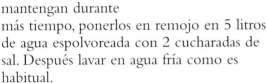

Si no se desea que la ropa tejana pierda el color en el primer lavado y que sus colores originales se mantengan durante más tiempo, ponerlos en remojo en 5 litros de agua espolvoreada con 2 cucharadas de sal. Después lavar en agua fría como es habitual.

● TRUCO 5 ●

Blusa amarillenta

Una blusa o una camisa blanca puede quedar amarillenta con el paso del tiempo y el uso. Pero se puede recuperar su blancura original si se deja la prenda en remojo unas 2 horas en un recipiente con agua fría en la que previamente se han echado 10 gotas de agua oxigenada.

CONSEJOS DE LA ABUELA...

PAÑUELOS IMPECABLES

Si se ponen los pañuelos en remojo en agua con sal durante 2 horas antes de lavarlos, estarán siempre blancos como la nieve. Los pañuelos muy sucios deben dejarse en remojo en agua salada por lo menos durante un día antes de lavarlos. La sal ablandará y absorberá gran parte de la suciedad.

● TRUCO 4 ●

En remojo

La ropa, tanto la blanca como la de color, queda mucho más limpia si se pone en remojo antes de lavarla, sobre todo la que está muy sucia. Introducir la ropa blanca en un recipiente con agua hirviendo y unas rodajas de limón. Poner en remojo la ropa de color en agua con sal, ya que así se conservarán durante más tiempo vivos los colores.

● TRUCO 6 ●

No perder el color

Las fundas de los colchones, especialmente debido al sudor, pueden perder el color. Pero no se decoloran si se ponen en remojo en agua con vinagre 12 horas antes de lavarlas, en una proporción de 1 vaso de vinagre por cada litro de agua.

● TRUCO 7 ●

Prendas delicadas

Algunos detergentes contienen sustancias que aclaran los colores, por lo que no se recomiendan para la ropa de color. Por eso es preferible que las prendas de color delicadas se laven con jabón en escamas, y añadir un poco de vinagre mezclado con el agua para reavivar los colores.

Por si destiñe

Si se mezclan en la lavadora ropas de colores distintos y hay el riesgo que unos colores destiñan los otros, introducir un pañuelo blanco viejo con las prendas de color en la lavadora. Si alguna prenda suelta el tinte, el pañuelo recogerá el color desteñido, evitando así que el color de las otras prendas quede afectado.

Lavar prendas pequeñas

Para evitar que la ropa interior se mezcle con el resto de la ropa en la lavadora y no tener que perder tiempo en separarla, meterla en una bolsa de rejilla. Así también se pueden lavar las medias, los pantys y los calcetines finos de hilo sin que se enganchen en la lavadora o con los botones y las cremalleras de otras piezas de vestir.

Sin bolitas

Las bolitas en los jerseys de lana afean la prenda y la envejecen aunque se haya estrenado recientemente. Para evitar la aparición de estas horribles bolitas, lavar a mano las prendas de lana y añadir un chorro de vinagre al agua del último aclarado.

········

CURIOSIDADES DE LA BOTICA

········

ELIMINAR LA CAL

Los sedimentos de cal que se acumulan en la resistencia de la lavadora pueden llegar a estropearla. Para eliminarlos, verter 2 vasos de vinagre en la cubeta del detergente, seleccionar un programa de agua caliente y poner en marcha la máquina vacía durante el tiempo de un lavado completo normal.

········

CONSEJOS DE LA ABUELA...

◈

EXCESO DE ESPUMA

◈

Si lavando la ropa a mano se ha formado demasiada espuma, espolvorear el agua con polvos de talco para reducirla y evitar tener que añadir más agua. Si el exceso de detergente se ha producido en la lavadora, añadir un chorro de vinagre en la cubeta del detergente.

● TRUCO 11 ●

Azúcar en vez de almidón

Las cortinas conservarán todo su apresto con sólo añadir una cucharada de azúcar en el agua del último aclarado. Este mismo remedio también se puede aplicar si se quiere conseguir que las puntillas de las prendas tengan mucho más cuerpo sin que pierdan su aspecto natural.

● TRUCO 12 ●

Suavizante natural para las toallas

Las toallas queden mullidas y suaves simplemente poniéndolas en remojo en agua con sal o en agua con vinagre. Otro remedio para suavizar las toallas es lavarlas a mano con champú para bebés.

● TRUCO 13 ●

Blanquear calcetines

Los calcetines blancos, especialmente los de deporte, van tomando un color gris debido al sudor o el tinte de los zapatos. Para blanquearlos de nuevo, meterlos dentro de un cazo de agua hirviendo con unas rodajas de limón.

● TRUCO 14 ●

Apresto con clara

Si se quiere presumir de unas puntillas preciosas y darles más apresto, mezclar una clara de huevo en un litro de agua y mojarlas en este líquido. Luego plancharlas del revés poniendo una toalla debajo.

REFRANES Y CITAS

«Ande yo caliente, ríase la gente.»

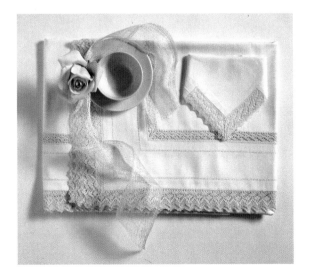

CONSEJOS DE LA ABUELA...

PRENDAS DESTEÑIDAS

Para reavivar los colores de una prenda que ha desteñido y evitar que pierda más el color, se puede poner en remojo en una cocción de cáscaras de huevo. Se cuecen cáscaras de huevo en agua; se deja enfriar, se cuela y se introduce la prenda en este agua.

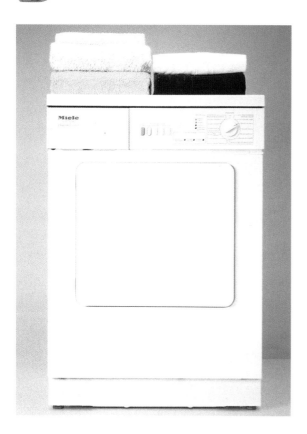

El secado

El secado de la ropa es más importante de lo que aparentemente pueda parecer. Si se toman ciertas precauciones en el momento de usar la secadora o de tender la ropa, se consigue que las prendas duren mucho más tiempo. Además, si se han secado correctamente, se tienen que planchar con menor esfuerzo, con lo que la prenda recibe menos calor y menos agresiones. Al tender las prendas, hay que procurar doblarlas por las costuras y vigilar que las rayas de los pantalones estén en su lugar. Si se dispone de secadora, es aconsejable no llenarla del todo para que la ropa se seque mejor y se arrugue mucho menos.

● TRUCO 1 ●

Tender con una percha

Tender los calcetines, los pañuelos o la ropa interior cogidos con pinzas en una percha facilita enormemente la tarea de recoger la ropa una vez seca, ya que este método resulta mucho más cómodo y rápido.

● TRUCO 2 ●

Piezas grandes

Para secar sábanas y cualquier otra pieza grande, tenderlas poniendo las pinzas de modo que la sábana no quede totalmente extendida, sino formando bolsas de aire, que facilitarán el secado.

● TRUCO 3 ●

Sin marcas

Las perchas o las pinzas pueden dejar marcas en un jersey o en una blusa tendidos. Para evitarlo, se puede tender de la siguiente manera: introducir unos pantys viejos por el cuello de la prenda. Sacar cada pernera por una manga y sujetar a la cuerda por los extremos con sendas pinzas. Además, de esta manera se secan antes que tendidos sobre una superficie.

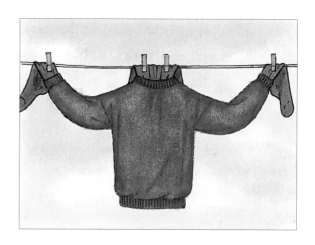

Faldas plisadas

Las faldas plisadas no quedan desplisadas si se tiene la precaución de tenderlas por la cintura y poner una pinza en la parte inferior de cada uno de los pliegues.

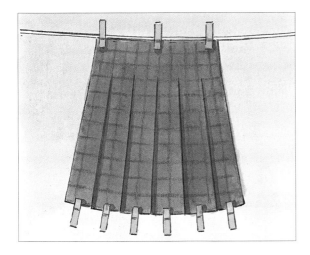

REFRANES Y CITAS

«Septiembre, el que no tenga ropa, que tiemble.»

CURIOSIDADES DE LA BOTICA

UNA PERCHA CON HOMBRERAS

Sujetando hombreras con alfileres o con pinzas en una percha se evita que la percha deje marcas en esa preciosa blusa de seda que nunca está a punto cuando se descuelga para ponérsela.

LA ROPA EN EL CONGELADOR

Cuando se quiere vestir una prenda y no hay tiempo para secarla, introducirla dentro de una bolsa de plástico en el congelador del frigorífico. ¡Saldrá seca y sin arrugas!

Para el invierno

La ropa que se seca al aire libre no se congelará en invierno si previamente se ha añadido $1/2$ cucharada de sal al agua en el último aclarado.

Prendas de color

La ropa de colores vivos, con el uso y los lavados, se va decolorando. Para que los colores más vistosos se conserven durante más tiempo, es preferible tenderlas del revés.

Prendas delicadas

Es conveniente dejar planas algunas prendas delicadas para que se sequen en vez de tenderlas en el tendedor o meterlas en la secadora. Enrollarlas en una toalla para eliminar la mayor cantidad posible de humedad y luego dejarlas secar sobre otra toalla.

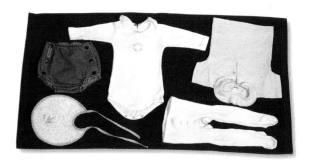

CONSEJOS DE LA ABUELA...

NO SECAR DEMASIADO

Si se deja que la ropa se seque totalmente en la secadora, será mucho más difícil de planchar.

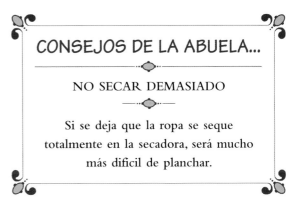

RECICLAJE

Actualmente prima la mentalidad de que lo que ya no sirve se tira. De esta manera se desaprovecha una gran cantidad de objetos y materiales que, aunque ya no sirvan para la función que desempeñaban, sí que se pueden transformar y aprovechar para otra función. Aquí se presentan unos cuantos trucos para no deshacerse tan rápidamente de los artículos usados y transformarlos en prácticos y reciclados objetos. Sin embargo, en materia de reciclaje, lo principal es poner en marcha la imaginación y casarla con las necesidades de cada uno. Reciclar no sólo es recomendable porque representa un ahorro individual, sino que ya se ha convertido en algo necesario si se quiere mantener un nivel de desarrollo sostenible.

ENVASES DE VIDRIO Y DE PLÁSTICO

Los envases de vidrio o de plástico, especialmente los que tienen tapa, siempre son reciclables en una casa; después de consumir su contenido, éstos aún se pueden aprovechar para otra función. Todos los objetos pequeños, como por ejemplo agujas, botones, las canicas de los niños o cualquier tipo de comida en seco (lentejas, judías, etc.) se pueden guardar en este tipo de envases. Sin embargo, si se acumulan tantos que es imposible reutilizarlos todos, no hay que olvidar que hoy en día se dispone de contenedores especiales para la recogida selectiva de materiales reciclables.

Para no desperdiciar estos envases, he aquí unos cuantos trucos:

• Si los frascos de vidrio son pequeños, se pueden convertir en vasos de uso diario.

• Los frascos de vidrio más grandes se pueden aprovechar para rellenarlos con cualquier alimento en seco o para guardar las mermeladas y las conservas caseras.

• Tanto los tarros de vidrio como los de plástico pueden servir como huchas o como envase para guardar el cordel o un ovillo de lana practicando un agujero en la tapa y sacando el cabo por él.

• Con el fin de salvaguardar las aguas del río y el mar, estos frascos se pueden utilizar para guardar el aceite usado y, una vez lleno, taparlo bien y tirarlo en el contenedor adecuado.

• Si se ha pintado una habitación con una mezcla de colores, lo mejor es guardar en un envase de vidrio con tapa cierta cantidad de esa mezcla para los retoques de última hora.

• Los frascos de vidrio, además, siempre se pueden usar como bellos objetos decorativos rellenándolos con arena de colores de manera que se formen combinaciones y dibujos atractivos.

• Los envases de plástico son extraordinariamente prácticos para congelar comida.

SERVILLETAS PARA DIARIO

Antes de tirar esa mantelería tan estropeada que ya no luce en la mesa, cortarla en trozos cuadrados para tener servilletas de uso diario. Las servilletas siempre duran mucho menos que el mantel, especialmente si hay niños, ya que se rozan y se ensucian mucho más. Por lo tanto, tener unas cuantas servilletas recicladas para no estropear las que hacen juego con el mantel nuevo nunca estará de más. Si la mantelería que se quiere reciclar es de algodón puro, los trozos también se pueden hacer servir como trapos para los cristales.

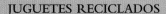

paredes. Así, un armario se puede convertir en una estantería cortando la madera en estantes de la misma medida; luego sólo queda pintar, barnizar o decorar al gusto de cada uno esos estantes. Las barras interiores del armario de la abuela se pueden hacer servir como toalleros para el cuarto de baño, y el espejo interior se puede colocar en cualquier rincón de la casa.

MUEBLES VIEJOS

Los muebles que han sufrido un gran desperfecto o que, sencillamente, se han estropeado por el paso del tiempo y el uso siempre se pueden reciclar. Para no tirar todo el mueble, hay que pensar en qué se pueden aprovechar sus estantes, sus puertas o sus

VASO DE VIDRIO

Una manera muy fácil y nada costosa de ser respetuoso con el medio ambiente es usar un vaso de vidrio para beber, especialmente en el lugar de trabajo. En las empresas es muy habitual encontrar máquinas de café o expendedores de agua que sirven el producto en vasos de plástico. ¿Cuántas veces se bebe durante el día? ¿Cuántos vasos se tiran a la basura al cabo del día? La degradación del plástico es muy lenta, y su destrucción es muy difícil, por eso hoy en día empieza a ser preocupante la acumulación de estos envases, ya que su uso cada vez se extiende más. Por tanto, es mucho más ecológico traerse de casa un vaso de vidrio y dejar de usar los de plástico.

El planchado

Una prenda de ropa, por bonita que sea y por limpia y bien cuidada que esté, pierde toda su belleza si no se eliminan las arrugas y los pliegues que deja el lavado. Así pues, para darle un toque de pulidez, nada mejor que un buen planchado. Con el fin de ahorrar energía, es preferible evitar planchar piezas sueltas y esperar a reunir una cantidad de ropa suficiente que justifique el consumo de energía. Es aconsejable planchar primero las prendas que necesiten una temperatura más baja y aumentar progresivamente la temperatura.

● TRUCO 1 ●

Eliminar la cal

Para lograr eliminar las incrustaciones de cal en la plancha de vapor es aconsejable llenarla con 1 cucharada de agua y 1 cucharada de vinagre. Dejar que produzca vapor durante unos minutos. Luego apagar la plancha y dejar actuar al líquido durante 1 hora. Vaciar la plancha y aclarar con agua limpia. Los restos de cal de la base se pueden quitar también con agua con vinagre.

● TRUCO 2 ●

Planchas que se pegan

Si la ropa se pega a la base de la plancha, frotar la base con pasta de dientes y aclarar con un paño húmedo. Para que la plancha se deslice sin ninguna dificultad, espolvorear sal sobre un paño ligeramente húmedo y pasar la plancha por encima.

● TRUCO 3 ●

Almidonar con sal

Si se quiere echar almidón para planchar una prenda, espolvorear el almidón con una pizca de sal. De esta manera no quedará pegado a la base de la plancha.

CONSEJOS DE LA ABUELA...

CERA PARA CONSERVAR

Para conservar la plancha en perfecto estado, aplicarle una fina capa de cera, cuando ya esté fría, cada vez que se acabe de planchar.

● TRUCO 4 ●

Planchar correctamente los pantalones

Presumir de unos pantalones impecables no exige demasiado esfuerzo si se sigue el método siguiente en el planchado, un sistema infalible, rápido y eficaz con el que se obtienen los mejores resultados en el planchado de los pantalones y que ha sido usado por las amas de casa y transmitido de madres a hijas durante generaciones.

● TRUCO 5 ●

Raya perfecta

Para evitar la antiestética doble raya en los pantalones, untar con una pastilla de jabón todo el largo de la raya por el revés de la tela. Después, planchar por el derecho y no guardar ni doblar hasta que la prenda se haya enfriado.

● TRUCO 6 ●

«Planchar» en el cuarto de baño

Quién no ha tenido un disgusto, estando de viaje, al sacar la ropa de la maleta y encontrarla arrugada sin disponer de plancha para arreglar el desaguisado. Un buen truco para resolver el problema es colgar la prenda arrugada en el cuarto de baño mientras se utiliza la ducha o la bañera. ¡El vapor de agua eliminará las arrugas producidas en la prenda!

CURIOSIDADES DE LA BOTICA

Si una plancha antigua de hierro no se desliza bien, frotar su base con papel de estraza empapado en aceite y sal. Dejar actuar y después planchar sobre un papel limpio, hasta que el aceite desaparezca.

● APLICACIÓN

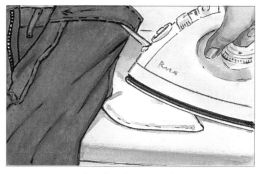

1. Empezar a planchar los pantalones por los bolsillos, tanto por dentro como por fuera.

2. A continuación, planchar la cintura, por el derecho y por el revés.

3. Seguir luego planchando las perneras, cada una por separado, y marcar la raya.

4. Finalmente, planchar las dos piernas juntas.

Puesta a punto de la ropa

La ropa, tanto la de vestir como la de casa, exige cuidados para estar siempre en buenas condiciones y para que luzca como el primer día. Además de los desarreglos habituales que presentan todas las prendas, algunas plantean problemas muy específicos, como por ejemplo las piezas de punto que sueltan mucho pelo o el antiestético brillo que el uso produce en otras. Para eliminar todos estos pequeños problemas hay unos cuantos trucos muy sencillos y fáciles de llevar a la práctica.

● TRUCO 1 ●

Cremallera atascada

Una cremallera volverá a deslizarse con facilidad si se frota repetidamente con cera. Frotarla con la mina de un lápiz, como si se afilase la punta, o con una pastilla de jabón son otros trucos para que la cremallera no se atasque. Cepillarla después de llevar a cabo cualquiera de estos trucos con un cepillo fino.

● TRUCO 2 ●

Asegurar los botones

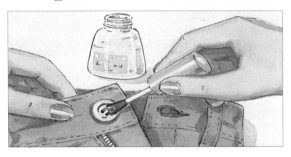

A menudo, cuando se compra una prenda de vestir con botones, éstos caen con facilidad. Para evitar que se descosan y se pierdan, es útil reforzarlos aplicándoles esmalte de uñas transparente en los hilos.

● TRUCO 3 ●

Jerseys que sueltan pelo

La solución al problema de los jerseys que sueltan mucho pelo es realizar el siguiente procedimiento.

▣ APLICACIÓN

- Meter el jersey en una bolsa de plástico.
- Dejarlo durante toda una noche en el congelador del frigorífico.
- Sacar la bolsa del congelador y esperar una ½ hora antes de tocarla.
- Finalmente, lavar el jersey.

REFRANES Y CITAS

«Nunca falta un roto para un descosido.»

● TRUCO 4 ●

Contra las bolitas

Las bolitas de las prendas de punto se pueden quitar con mucha facilidad pasando muy suavemente por encima una maquinilla de afeitar desechable.

● TRUCO 6 ●

Cerco de los botones

En las camisas o las blusas pueden quedar cercos alrededor de los botones, ligeramente descoloridos respecto al resto del tejido. Si se desea eliminarlos, el truco más fácil es mantener las zonas manchadas sobre una fuente de vapor, como una tetera en el momento que hierve el agua, o un cazo con agua hirviendo, hasta que desaparezcan por completo.

CURIOSIDADES DE LA BOTICA

APROVECHAR LAS AGUJAS

Si una aguja de hacer punto se ha torcido, no hay que darla por perdida. Introducirla en un baño de agua con vinagre caliente y esperar a que se ablande para poderla enderezar. Para endurecerla de nuevo, sumergirla en agua fría.

● TRUCO 5 ●

Quitar brillos

El brillo de las partes rozadas de la ropa se puede eliminar si se cepilla dicha zona con agua con vinagre. Si la prenda está especialmente gastada, se puede aplicar la siguiente receta para eliminar los brillos que se hayan producido.

▣ INGREDIENTES

- jabón en escamas
- un cepillo de ropa

▣ PREPARACIÓN

- Cocer en una olla jabón en escamas durante unos 5 minutos.
- Colar y dejar enfriar.

▣ APLICACIÓN

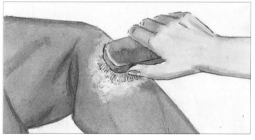

1. Extender la cocción con un cepillo sobre las zonas gastadas de la prenda, frotando hasta que salga espuma, y dejar secar.

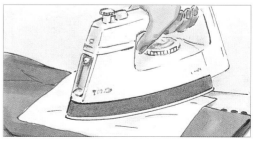

2. Planchar poniendo un trapo húmedo sobre la prenda.

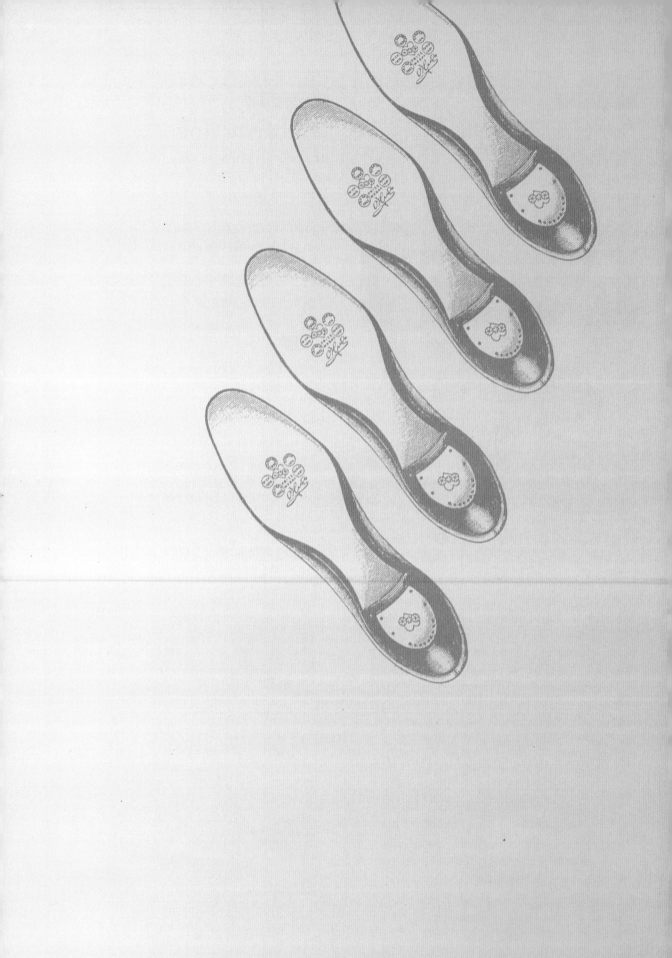

EL CUIDADO DEL CALZADO

Una buena manera de estar siempre elegante es
llevar un calzado limpio y reluciente. Un bonito
vestido o un traje de gran calidad pierde toda su
belleza si se acompaña con unos zapatos sucios
y desgastados, ya que el calzado, como el peinado,
es un complemento que influye decisivamente en
el aspecto de las personas. Más allá de la limpieza
habitual, es aconsejable hacer un mantenimiento
periódico de los zapatos, para nutrir y conservar
los distintos tipos de materiales, y prestar atención,
no sólo a la forma de guardarlos fuera de
temporada, sino también al modo de evitar que
se estropeen cuando se mojan.

Problemas generales

Sea cual sea el material de los zapatos, éstos siempre pueden plantear algunos problemas, que, con la ayuda de unos sencillos trucos, se pueden solucionar y hacer del calzado una pieza cómoda y resistente. Que los zapatos sean demasiado rígidos, que estén mojados o que destiñan ya no es razón para arrinconarlos y dejarlos de usar.

● TRUCO 1 ●

Zapatos flexibles

Los zapatos recuperan su flexibilidad si se les pasa un algodón empapado en vinagre y se lustran después con glicerina. Una vez extendida esta mezcla, dejarla secar y luego sacar brillo a los zapatos.

● TRUCO 2 ●

Proteger los tacones

Una ingeniosa forma de proteger de los roces la parte exterior de los tacones es cubrirla con un poco de esmalte de uñas transparente.

● TRUCO 3 ●

Zapatos nuevos

Los zapatos nuevos, antes de que adopten la forma de los pies que los llevan, suelen apretar y hacer un poco de daño. Otros problemas que plantean los zapatos nuevos son el ruido al caminar o los resbalones. Para evitar que los zapatos aprieten, untarlos con crema de manos y espolvorear el interior con polvos de talco. Otro remedio que obra verdaderos milagros es un chorro de alcohol en el interior de cada zapato. Si no se quiere que los zapatos hagan ruido al caminar, untarlos con aceite de linaza hirviendo con la ayuda de un pincel.

Para no correr el riesgo de resbalar cuando se estrenan zapatos, frotar las suelas con media patata.

> ### REFRANES Y CITAS
>
> «Adonde el corazón camina,
> el pie se inclina.»

● TRUCO 4 ●

Impermeabilizar los zapatos

Este truco es una antiquísima receta para impermeabilizar los zapatos de cuero que dejan pasar el agua cuando llueve. Este remedio también se puede aplicar a las prendas de vestir de cuero.

▣ INGREDIENTES

- 50 g de aceite de linaza
- 50 g de manteca de cerdo sin sal
- 30 g de grasa de cordero
- 30 g de cera de abeja
- 30 g de esencia de trementina

▣ PREPARACIÓN

- Verter los ingredientes en una cacerola y calentar ligeramente.
- Remover con una espátula hasta que todos los ingredientes se mezclen bien.
- Sacar del fuego y esperar hasta que la mezcla esté tibia.

▣ APLICACIÓN

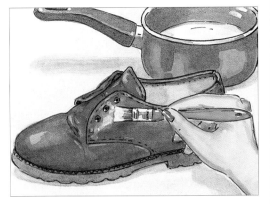

1. Extender el preparado con la ayuda de un pincel sobre los zapatos.

2. Dejar secar y pulir con un trapo.

● TRUCO 5 ●

Zapatos mojados

Si los zapatos se han mojado, secarlos en cuanto sea posible con un paño, limpiarlos y aplicarles una capa protectora de aceite de ricino. Después, rellenarlos con papeles de periódico, que absorberán la humedad y evitarán que se deformen, y dejarlos secar puestos de lado.

● TRUCO 6 ●

Zapatos que destiñen

Para evitar que los zapatos destiñan y queden los pies manchados, untar la parte interior del calzado con una crema incolora. Esperar a que se seque antes de ponerse los zapatos.

CONSEJOS DE LA ABUELA...

ELIMINAR EL MAL OLOR

Espolvorear el interior de los zapatos con bicarbonato o dejar un buen trozo de carbón vegetal en su interior son remedios infalibles contra el mal olor del calzado.

REFRANES Y CITAS

«Quien mal anda, mal acaba.»

Limpieza y mantenimiento de los zapatos

En el mercado hay un sinfín de productos para limpiar y mantener los zapatos, pero suelen ser productos químicos que resultan caros y con una caducidad sorprendente, pues quedan secos en muy poco tiempo. Con sólo un sencillo truco elaborado con los elementos más naturales y cotidianos, y teniendo en cuenta el material de que está fabricado el calzado, se puede conseguir llevar unos zapatos lustrosos e impecables.

● TRUCO 1 ●

Zapatos de charol

Sacar el polvo y limpiar los zapatos de charol frotándolos con un algodón empapado en vinagre. Después abrillantarlos con un paño suave. Los zapatos de charol tardarán más en agrietarse si se frotan con un paño humedecido en aceite de ricino antes de estrenarlos. Dejar secar y sacar brillo con un paño suave. Si se quiere obtener un brillo extraordinario, después de quitarles el polvo, frotarlos con media cebolla.

● TRUCO 2 ●

Zapatos de cuero

Una clara de huevo batida a punto de nieve resulta extraordinariamente eficaz para que los zapatos de cuero de color claro queden limpísimos. Primero hay que extender la clara con delicadeza y después frotar el calzado con un paño suave.

● TRUCO 3 ●

Zapatillas de deporte

Para limpiar las zapatillas de deporte de lona blanca, se les quita primero el polvo y después se les aplica una crema de leche y tiza utilizando un cepillo de dientes viejo. Cepillar la tiza sobrante y dejar secar. Si las zapatillas de deporte disponen de cámara de aire, no se pueden meter en la lavadora; para limpiarlas, frotarlas primero con un paño mojado en alcohol y luego pasar otro que esté empapado en leche.

> **REFRANES Y CITAS**
>
> «Ni comas crudo ni andes a pie desnudo.»

CÓMO AHUYENTAR LOS INSECTOS

Los insecticidas están elaborados con productos químicos que no sólo matan los insectos, sino que resultan nocivos para las personas. Nos hemos planteado alguna vez ¿por qué hay que matar los insectos? A menudo bastará con ahuyentarlos para que no entren en la casa. Hay un sinfín de aromas naturales y prácticos preparados naturales que, además de proporcionar al ambiente un agradable olor, provocan el alejamiento de los insectos sin causarles ningún daño.

POLEO ANTIPULGAS Y ANTIPOLILLAS

El poleo es un buen repelente contra las pulgas y las polillas. Para las pulgas, se prepara una infusión de poleo concentrada con la que se frota el pelo de los animales domésticos. Para las polillas, basta con poner bolsitas de poleo seco dentro de los armarios.

ALBAHACA CONTRA LOS MOSQUITOS

Para que los mosquitos no entren por la ventana del comedor, colocar en ella una maceta de albahaca. La albahaca desprende un olor que los mosquitos detestan.

CÁSCARAS CONTRA LAS PULGAS

El preparado elaborado con las cáscaras de una naranja, un limón y un pomelo es ideal para ahuyentar las pulgas del perro. Batir las cáscaras y luego hervirlas a fuego lento y con poca agua, con lo que se conseguirá una pasta. Dejarla enfriar y luego frotar con ella la piel del animal.

AJO PARA LAS PLANTAS

Con un solo diente de ajo en la tierra de la maceta se consigue ahuyentar los insectos nocivos que atacan las plantas. Si la planta es aún muy pequeña, es preferible poner ajo picado seco alrededor de su tallo para el mismo fin.

EXCESO DE LOMBRICES

Aunque las lombrices son buenas para las plantas, a menudo un exceso de estos animales puede provocar molestias. Para que salgan de la maceta sin causarles ningún daño, preparar una decocción de hojas de nogal, dejarla enfriar y luego regar las plantas con esta preparación. Las lombrices saldrán a la superficie, con lo que costará muy poco cogerlas, y la planta no sufrirá ninguna contraindicación.

HELECHOS PARA LOS ÁRBOLES FRUTALES

Algunos insectos, como el pulgón, son muy perjudiciales para los árboles frutales. Una manera de ahuyentar este indeseable insecto es plantar helechos debajo de los árboles.

LOS ANIMALES Y LAS PLANTAS

La presencia de animales y plantas en los hogares es cada vez mayor, debido a la compañía que proporcionan, especialmente a los niños y a las personas mayores. La relación que se establece entre nosotros y los animales es muy estrecha: los animales ofrecen compañía, agradecimiento y cariño a cambio de afecto y comida. Asimismo, las plantas, además de constituir un excelente elemento de decoración, nos regalan su perfume, su color y su olor.

Los perros

Los perros son los animales domésticos por excelencia, no en vano se les llama los mejores amigos del hombre. Cada raza presenta unas características y un grado de inteligencia diferentes, y precisa de cuidados específicos. Así, hay perros únicamente de compañía, pero también hay perros de defensa, perros policía, perros guía, perros pastores, etc. A la hora de adquirir un perro, hay que tener en cuenta el espacio de que se dispone, los cuidados que requerirá y las obligaciones que comporta.

● TRUCO 1 ●

Dar una píldora al perro

Tener que dar, por indicación del veterinario, una pastilla al perro es de lo más habitual, pero también es habitual que el perro no la quiera tomar. Sabido es que los canes son muy glotones, y a esto se puede recurrir para que tome su medicación. Cortar dos trozos del alimento que le guste más, jamón dulce por ejemplo, y envolver la pastilla en uno de los trozos. Hacerle oler el trozo sin la píldora pero darle el que contiene el medicamento, sin dejar de enseñarle el primer trozo. El perro se lo tragará sin dilación alguna para comerse rápidamente el trozo que está viendo.

● TRUCO 3 ●

Despistar al perro

El perro demuestra una gran alegría cuando sus dueños llegan a casa. A menudo, esta alegría se convierte en un desagradable y largo tiempo de ladridos consecutivos. Su perro dejará de ladrar inmediatamente con sólo mostrarle su juguete preferido y entretenerlo con él, o lanzarle su pelota para que salga corriendo detrás de ella.

● TRUCO 2 ●

No pegar al perro

Para enseñar al perro, no hace falta, ni mucho menos, pegarle o hacerle daño. Si el perro hace algo que no debe hacer, basta con usar un periódico enrollado y golpear el suelo a la vez que se pronuncia la palabra «no» de una manera contundente. La contundencia de la voz del amo y el ruido del periódico harán desistir al perro de hacer lo que no debe.

Los gatos

Los gatos son animales domésticos que hacen mucha compañía porque suelen ser mimosos y les gusta escuchar la voz humana. Son mucho más independientes que los perros, ya que su deseo no es complacer a su dueño como hacen éstos. Se desenvuelven solos y sin obedecer sistemáticamente las órdenes de sus amos. Por ello, para controlar sus acciones hay que saber ingeniárselas y utilizar unos cuantos trucos para que obedezcan.

● TRUCO 1 ●

Tomar medicinas

Los gatos no suelen ser muy dados a tomar las medicinas que hay que suministrarles. Si esto ocurre, sólo hay que preparar una pasta con la medicina y un poco de agua y untarle una pata con ella. La costumbre de lamerse las patas hará que tome su medicación.

● TRUCO 2 ●

Los gatos no suben a la encimera

El gato tiende a subirse a los fogones de la cocina cuando los dueños no están en casa para darse la gran comilona. Con el fin de evitarlo, colocar en la encimera, mal apilados, utensilios que no se rompan pero que hagan mucho ruido al caer al suelo, como por ejemplo ollas o cazuelas de aluminio. Cuando el gato suba a buscar comida, al tocar un solo objeto, el estropicio hará tanto ruido que desistirá de volver a subir.

● TRUCO 3 ●

Colonia que aparta

Si no se quiere que el gato entre en un lugar determinado de la casa o que se orine en él, rociar ese sitio con colonia, ya que el olor que desprende la colonia les desagrada profundamente y de esta manera se evita que se acerquen.

REFRANES Y CITAS

«No te fíes de cielo estrellado
ni de gato alarmado.»

TERRAZAS Y BALCONES

Disfrutar del espacio que ofrecen las terrazas, los patios o los balcones es un gran privilegio, cuyo valor aumenta si se arreglan y se decoran al gusto personal. Las plantas y las flores constituyen el elemento más característico de estos espacios, de los que se puede mejorar su aspecto si se distribuyen las plantas de una manera determinada o si se decoran los rincones y las paredes.

diferentes tonalidades de verde dan como resultado balcones llenos de vida en los que pasar largos ratos de ocio.

DECORACIÓN

Las terrazas y los balcones disponen de rincones y paredes que aceptan una decoración muy simple, ya que sus elementos más característicos, las plantas y las flores, ya son de por sí lo bastante decorativas. Pero aún se puede mejorar con unos cuantos trucos de decoración muy sencillos.

FLORES SECAS

Las flores secas, que se pueden preparar personalmente en casa, son un elemento de decoración muy elegante. Un ramo de flores secas en el centro de la mesa, colgadas en la

TERRAZAS

Las terrazas dan la oportunidad de poder cultivar especies de plantas un poco más grandes de las que caben en un balcón y, además, de poder colocar una mesa, sillas, hamacas y otros complementos con los que disfrutar más de este pequeño contacto con la naturaleza.

BALCONES

El espacio del balcón es más reducido que el de una terraza, pero no por ello puede resultar menos acogedor o atractivo. Plantar especies con flores exuberantes o plantas con

pared o formando un motivo lo suficientemente grande para decorar un rincón son sencillas maneras de alegrar la terraza o el balcón. Este truco es especialmente adecuado para balcones en los que, por razones de orientación, demasiado sol, por ejemplo, la mayoría de plantas no viven.

UN RINCÓN AROMÁTICO

Si se tiene la suerte de disponer de suficiente espacio, se puede dedicar un rincón de la terraza a plantar especies aromáticas. Menta, perejil, tomillo y otras plantas similares no sólo harán de un rincón un espacio bonito y aromático, sino que además proporcionarán plantas frescas para cocinar o tomar infusiones.

MACETAS DECORATIVAS

Las terrazas y los balcones, especialmente los que presentan formas irregulares, siempre tienen rincones fácilmente decorables. Aparte de las plantas, se puede buscar también que las macetas y los tiestos sean bonitos u originales, algo relativamente fácil de conseguir gracias a la gran variedad que se puede encontrar en el mercado. Una decoración muy alegre es utilizar un tonel como maceta. El color del tonel contrastado con el color de las flores que se han plantado en él es una combinación que alegra mucho los rincones.

145

Los periquitos y los canarios

Los periquitos y los canarios son, sin duda alguna, los pájaros domésticos más comunes en los hogares. Se trata de animales muy dóciles, simpáticos y sociables que ofrecen cariño y alegría con su canto.

● TRUCO 1 ●

El canario más melodioso

Para que el canario ofrezca un trino más melodioso, dejar correr el agua por pequeñas cañerías hasta que perfeccione su canto. También le puede ayudar a conseguirlo un espejito dentro de la jaula.

● TRUCO 2 ●

El periquito parlanchín

Con mucha paciencia y tenacidad, se puede conseguir que el periquito pronuncie algunas palabras. Pero aprenderá mucho más rápido a hablar si recibe las lecciones al atardecer, antes de encender la luz eléctrica.

● TRUCO 3 ●

Vuelos sin accidentes

Es necesario que los pájaros domésticos salgan de vez en cuando de su jaula para estirar un poco las alas y hacer algo de ejercicio volando. Para ello, primero hay que asegurarse de que las puertas y las ventanas de la habitación donde se va a soltar el pájaro están bien cerradas. Para evitar que el periquito o el canario se dé de bruces contra el cristal de la ventana, el truco es sencillo: correr la cortina o el visillo.

Los hámsteres

Los hámsteres son uno de los animales domésticos preferidos por los niños. Son pequeños, dóciles, simpáticos e inteligentes, y sólo necesitan ternura y un poco de paciencia para ser adiestrados. Los hámsteres tienen suficiente con disponer de algunos juguetes y salir de la jaula un rato cada día para corretear por la casa. Existe en el mercado una especie de pelota de plástico transparente para que el hámster, dentro de ella, corra por la casa sin que sus dueños lo pierdan de vista ni pueda meterse en algún rincón inaccesible.

● TRUCO 1 ●

El camino a la jaula

Cuando se ha escapado el hámster y no se sabe dónde se ha metido, no intente buscarlo desesperadamente. Lo más fácil es hacerle un camino con su comida preferida hasta el interior de la jaula. Una vez hecho este camino, sólo hay que esperar, en silencio para no asustarlo, a que vuelva a su hogar.

● TRUCO 2 ●

Cedro contra el mal olor

Colocar dentro de la jaula virutas de madera o paja para que el hámster esté cómodo. Si, además, las virutas son de madera de cedro, se evita el mal olor que desprenden los excrementos y la orina, ya que el cedro tiene un aroma que lo disimula.

CURIOSIDADES DE LA BOTICA

EJERCICIO Y DIVERSIÓN

En el mercado hay una gran cantidad de objetos destinados a los hámsteres. Estos artículos ofrecen la posibilidad de que el animal haga ejercicio a la vez que se lo pasa de lo lindo. Los más conocidos son las ruedas, las escaleras y las pelotas, pero también se pueden encontrar divertidos laberintos.

REFRANES Y CITAS

«Antes cabeza de ratón que cola de león.»

DECORACIÓN Y PLANTAS

Las plantas, además de entretener mucho con sus cuidados, constituyen un elemento decorativo natural sin parangón. Cualquier rincón de la casa se convierte en una zona acogedora para la vista con una planta como motivo de decoración. Sólo hay que colocar especies que se adapten bien a las condiciones de temperatura y humedad del lugar donde van a ir, y que el riego y los cuidados no estropeen la zona ni los muebles donde se ubican.

planta que le agrade recibir mucha luz. Lo importante es que no necesite un riego muy copioso, pues el mueble puede sufrir desperfectos debido al contacto con el agua.

PLANTAS SOBRE UN MUEBLE
A menudo, una mesita decorativa en una pared o una estantería baja en un lugar de la casa como el recibidor, donde hay poca luz, se decora muy fácilmente con una planta que aguante bien la oscuridad y el poco riego. Si el mueble está situado cerca de un foco de luz natural, será conveniente encontrar una

PLANTAS EN UN RINCÓN
Si se tiene una columna en una habitación que da lugar a un rincón suficientemente espacioso, no darlo por espacio muerto. Con una butaca, una estantería estrecha y una buena planta como decoración, este espacio aparentemente perdido se convierte en una tranquila zona de lectura.

PLANTAS CERCA DE UNA VENTANA
Al entrar al comedor de una casa, la vista siempre se dirige donde hay luz, es decir, hacia la ventana. Aunque la ventana sea muy bonita o las cortinas muy elegantes, la zona tomará un aire más alegre y acogedor sólo

la imagen del baño. Si el cuarto de baño es muy grande, se puede aprovechar cualquier espacio para colocar una planta de unas dimensiones un poco más grandes. Hay que tener la precaución de poner plantas resistentes a los cambios bruscos de temperatura y humedad, ya que las duchas y los baños cambian de golpe las condiciones ambientales de la estancia.

PLANTAS EN LA ESCALERA

Si se tiene la suerte de disponer de un dúplex, se puede decorar el rincón que deja la escalera para colocar una gran planta que suba hasta el piso superior. Si la escalera es de madera, la combinación de este material y las plantas proporcionan una gran calidez en el ambiente. Las escaleras dejan un espacio muy adecuado para decorar con plantas, pues queda un hueco donde se puede colocar una planta de gran altura.

con poner una planta cerca de la ventana. Hay que tener en cuenta que por las ventanas entra el sol directo, con lo que se tendrá que colocar una especie muy resistente a la luz solar.

PLANTAS EN EL BAÑO

Una planta pequeña y resistente en un estante pequeño o encima del lavabo, si hay suficiente espacio, cambia considerablemente

El riego de las plantas

Las plantas necesitan un riego continuado para mantenerse firmes y bellas. Pero a menudo el riego puede representar un problema si la planta está situada encima de un mueble o del parqué, ya que son zonas delicadas que pueden estropearse con el agua. Otro problema del riego es el período vacacional, ya que no hay posibilidad de regar las plantas si no se cuenta con la ayuda de un familiar o un amigo. Estos problemas tienen soluciones muy sencillas aplicando pequeños trucos.

● TRUCO 1 ●

Parquet siempre seco

Una manera cómoda y fácil de no ensuciar el suelo de la casa en el momento de regar la planta es colocar un embudo dentro de la maceta. Echar el agua por el embudo evita que se derrame agua por el suelo o que salpique barro.

● TRUCO 2 ●

Regadera casera

Si se rompe la regadera que se utiliza habitualmente para regar las plantas, se puede improvisar una casera para salir del paso. Hacer unos cuantos agujeros pequeños en el tapón de una botella de plástico, llenar la botella de agua y taparla. Poniendo la botella boca abajo, el agua saldrá por los agujeritos como si se tratara de una regadera.

CONSEJOS DE LA ABUELA...

LAS FLORES NO SE RIEGAN

Para que las flores duren más
y no se marchiten enseguida,
es preferible no mojarlas cuando
se riega la planta. Para ello,
es mejor regar por la base y tener
mucho cuidado de no mojar
abundantemente las flores,
pues ésta suele ser
la causa de que las flores
se pudran pronto.

REFRANES Y CITAS

«Agua de mayo, pan para todo el año.»

● TRUCO 3 ●

Regar las plantas colgadas

Las plantas colgadas en bonitas cuerdas de macramé resultan un poco incómodas de regar. Para facilitar esta tarea, especialmente en verano, colocar dentro de la maceta un par de cubitos de hielo y dejarlos que se derritan. No es recomendable llevar a cabo este truco en lugares muy fríos, pues el hielo puede enfriar en exceso la tierra de la planta.

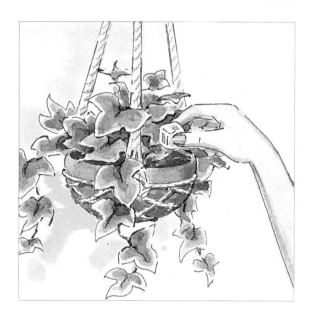

● TRUCO 4 ●

Las plantas y el lavabo

Otra fácil manera de no encontrar la planta muerta de sed al regreso de las vacaciones, es situarla cerca del lavabo. Dejarlo lleno de agua y colocar el extremo de una cuerda de algodón dentro, y el otro extremo, en la maceta. La planta tomará el agua que necesite a través de la cuerda.

● TRUCO 5 ●

Las plantas en la bañera

El problema del riego de las plantas aparece, sobre todo, durante el período de las vacaciones. Si no se pueden dejar a cargo de un familiar o un amigo, hay un truco infalible para que la planta no se muera de sed. Llenar la bañera con sólo dos centímetros de agua y colocar dentro un cubo lleno de agua. Poner una toalla grande en el fondo con una punta dentro del cubo. Sólo queda colocar las plantas encima de la toalla. De hecho, se trata de un truco parecido al truco 4, pero para mayor cantidad de plantas.

● TRUCO 6 ●

Musgo para las plantas

Si las vacaciones van a ser cortas, otra manera de mantener la humedad que la planta necesita es cubrir la tierra de las macetas con musgo bien empapado de agua.

CURIOSIDADES DE LA BOTICA

EL CUARTO DE BAÑO PARA LAS PLANTAS

En períodos de calor intenso, se puede trasladar las plantas al cuarto de baño, ya que éste es el lugar de la casa que mantiene el calor y la humedad necesarios para ellas.

Trasplantes de plantas

Las plantas necesitan un trasplante cuando han crecido mucho y la maceta donde están arraigadas se les ha convertido en un espacio reducido para sobrevivir. Si las raíces sobresalen por los agujeros de la maceta, el trasplante se debe hacer inmediatamente, pues la planta ya no puede crecer más. El tiempo idóneo para trasplantar es durante la primavera, antes de que aparezcan los nuevos brotes.

● TRUCO 1 ●

Cómo llevar a cabo el trasplante

Para conseguir con éxito el trasplante de una planta de una maceta a otra, se pueden seguir los siguientes pasos. De esta manera, casi con toda seguridad, la planta agradecerá el cambio creciendo bonita y esplendorosa.

> **REFRANES Y CITAS**
>
> «Planta muchas veces traspuesta, ni crece ni medra.»

▣ APLICACIÓN

1. Si las raíces de la planta sobresalen por los agujeros que hay debajo de la maceta, es el momento de trasplantarla.

2. Sacar de la maceta la planta con toda la tierra suavemente. Si la maceta es de barro, se puede romper para no tener que tirar de la planta.

3. Tapar los agujeros del fondo de la maceta nueva con piedras pequeñas y poner un poco de compost. Introducir en ella la planta con toda la tierra dentro.

4. Rellenar la maceta con más compost. Apretar un poco la tierra y después regarla abundantemente. Dejarla unos cuantos días en un lugar sombreado.

Reproducción de plantas

Si se desea aumentar el número de plantas que hay en casa, existen unas cuantas maneras de hacer reproducir nuevas plantas a partir de las que se tienen en el hogar. El tiempo idóneo para llevar a cabo la reproducción es durante la primavera, la mejor época para las plantas.

● TRUCO 1 ●

Reproducción por acodo

Otra manera de disfrutar de nuevas plantas es hacer reproducir las de casa por acodo. Se trata de colocar el brote de una planta en otra maceta sin separarlo hasta que haya echado raíces. Es un método sencillo que se puede aplicar en una gran cantidad de tipos de plantas diferentes.

● TRUCO 2 ●

Multiplicación por esquejes

Es la manera más fácil de conseguir nuevos hijos, pero no se puede realizar en cualquier tipo de plantas. Lo único que hay que hacer es cortar un brote fresco, sin vástagos, de 7 a 10 cm de largo. Después de impregnar el esqueje con algún enraizante, se planta en una maceta y se deja en un lugar cálido. Una vez haya echado raíces, si se desea, se puede trasplantar.

◘ APLICACIÓN

1. Escoger un brote fuerte y limpiarlo de hojas. Colocar una maceta nueva cerca de la planta y poner el brote escogido encima de esta maceta nueva.

2. Hacer un pequeño corte en forma de lengüeta. Poner un clip o una horquilla entre el brote escogido y la tierra para que quede sujeto en ella.

3. Una vez haya echado raíces, cortar el brote de la planta antigua. Si se desea trasplantar a otro sitio, esperar un poco a que crezca.

 ÍNDICES

ÍNDICE ANALÍTICO

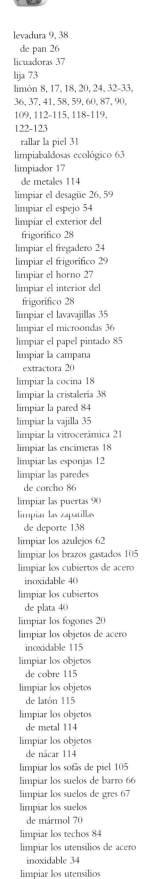